죽음의 땅에서 | 새 노래를 부르다

이 소중한 책을

_____ 님께 드립니다.

_____

인사이트 요한계시록
죽음의 땅에서 새 노래를 부르다

초판발행	2025년 4월 20일

지은이	옥성석
펴낸이	장예은
책임편집	장예은
펴낸곳	예책

등록번호	제2015-000019호
주소	서울시 동작구 만양로8길 50, 106동 205호
영업부	02-3489-4300
출판부	02-6401-2657
FAX	02-3489-4309
전자우편	jesusbooks@naver.com

ISBN   979-11-991646-0-4 (03230)
ⓒ 옥성석, 2025

책 값은 뒤표지에 있습니다.

※ 편집부에서 독자의 의견을 기다립니다.
※ 잘못된 책은 구입하신 서점에서 교환해 드립니다.
※ 이 책의 전부 또는 일부 내용을 재사용하려면 사전에 저작권자와 예책의 동의를 받아야 합니다.

인사이트 요한계시록

죽음의 땅에서 새 노래를 부르다

옥성석 지음

어린양을 따르는 자가
오늘을 사는 방식

서문

   1975년, 신학대학에 갓 입학했을 때를 잊지 못한다.
   당시 학교에는 오병세, 홍반식, 이근삼 등 훌륭한 교수님들이 포진해 있었다. 그 중에 양승달 교수님을 만난 것은 큰 행운이었다. 이분의 메시지는 깔끔하고, 담백하며, 분명했다. 무엇보다도 혼신의 힘을 다한 영감 어린 메시지였기에 울림이 컸다. 그분의 메시지 가운데 지금도 잊히지 않는 것이 "주님 오실 때 까지"였다. 그때까지 내게 요한계시록은 경외와 두려움의 책이었다. 그런데 교수님의 계시록 강해를 들으면서 나도 언젠가 계시록 전체를 성도들과 함께 나눴으면 하는 꿈을 간직하게 되었다. 하지만 그 꿈은 차일 피일 미뤄졌다. 어쩌다 계시록 3장의 일곱 교회까지 나아갔다가 멈추기를 반복했다. 요한계시록이 내게는 그만큼 미지의 세계였다.

   30대 중반, 충정교회의 담임으로 부임했다.
   부임 첫해부터 성도들과 함께 계시록을 나누리라 다짐했다. 하지만 또 일곱 교회를 넘기지 못한 채 흐지부지되고 말았다. 계시록에 대한 견해가 워낙 다양해서 어느 학설을 붙잡고 나아가야 할지 확신이 서지 않았기 때문이었다. 그렇게 30여 년이 흘러 어느덧 사역을 마무리해야 할 시점에 이르렀다. 이렇게 끝낼 수는 없었다. 엎드려 기도하면서 다시 계시록을 붙잡았다. 주일 강단에서 성도들과 함께 첫 장부터 마지막 장까지 살펴나갔다. 모두 39회에 걸쳐서 하나하나 또박또박 짚어보았다. 막연히 두려워하며 주저했던 부분은 성령께서 조명해 주셨다. 계시록은 〈요한계시록〉이 아니라 "예수 그리스도의 계시"였다.

그래서 계시록은 여타 성경을 포괄적으로 이해하게 하는 본질적인 요소였다. 계시록은 피조물인 인간에 대한 하나님의 놀라운 목적이 총정리돼 있었다. 더 나아가 이 책은 미래에 발생할 사건들에 대해 하나하나 조목조목 제시해 다가올 미래에 대해 당황하거나 두려움 없이 힘차게 나아갈 수 있는 방향을 제시하고 있었다. 때문에 이 말씀을 이해하면 정치적, 경제적, 사회적, 종교적인 카오스(chaos) 속에서 그 어떤 동요를 일으키지 않게 했다. 뿐만 아니라 계시록은 사탄과 그 우호 세력들의 기만과 종국적인 실패를 가감없이 보여주었다. 계시록은 주님의 재림이 분명 있을 것이라는 사실을 명백히 밝히면서 그때가 되면 주를 믿는 자들이 주님과 함께 얻게 될 최후 승리를 분명히 선포한다.

주님은 요한복음 14장에서 우리의 거처를 예비하시러 하늘로 가신다고 하셨다. 그곳이 어떤 곳인가? 밧모섬의 요한은 그곳을 잠시 들여다볼 수 있었다. 한마디로 '신부가 신랑'을 위하여 단장한 것 같았다(계 21:2). 그 이상의 어떤 표현을 할 수 없었기에 그렇게 묘사한 것이다. 우리는 그곳에 들어가 주님과 함께 영원히 왕 노릇 하게 될 것이다. 그러므로 우리가 이 계시록을 정확하게 이해할 때, 이 땅에서 그리스도와 몸 된 교회 그리고 복음을 위해 해야 할 봉사와 헌신을 기쁨으로 감당하게 되며, 어떤 상황 속에서도 '땅에 앉아 하늘을 사는' 기쁨과 소망이 넘치는 생활을 할 수 있을 것이다.

2023년 부활주일을 지킨 후 "요한계시록을 노크하다"로 시작하여 2024년 말 "은혜가 모든 자들에게!"로 강해를 마무리했다. 물론 중간에 특별주일이 오면 강해를 잠깐 쉬었지만, 거의 2년에 걸쳐서 달려온 셈이다. 하지만 Chapter 39 전체를 다 싣지 못하고, 한 장(章)에 한 강해씩 선별하여 Chapter 22로 편집한 것은 내내 아쉬움으로 남을 것 같다.

그동안 기도로 협력을 아끼지 않은 충정교우들의 눈빛을 잊을 수 없다. 아울러 교회 창립 80주년 기념 책자로 이 책을 발간할 수 있도록 쾌히 허락해 주신 당회 앞에 감사를 드린다. 예책의 장병주 대표는 그동안 저자의 책 거의 전부를 발간하는데 기쁨으로 참여해 줬다. 김재성 목사를 위시한 여러 교역들은 원고 교정에 힘을 보태 줬다. 이 모든 분께 진심어린 고마움을 표하고 싶다

평생을 조용히 그러나 좌우로 치우침 없이 기도로 내조하며 매주일 진행되는 강해에 때때로 조언을 아끼지 않고, 모니터링해 준 아내와 늘 함께해 준 가족에게 고마움을 표한다. 특히 밝고 건강하게 잘 자라는 손주 얀[利安]이와 션[利宣], 그리고 인[茱忘]이가 먼 훗날 이 책을 꼭 한번 정독했으면 하는 소원을 여기에 남긴다.

끝으로, 요한계시록에 대한 학설들은 여러 갈래다.
저자는 그중에서 개혁주의신학이 취하는 학설을 토대로 강해를 진행했으나, 혹시 아쉽거나 부족한 부분이 있다면 독자들의 넓은 양해를 구하면서 서문에 갈음한다.

주후 2025년 부활절에
저자 玉 聖 石

CONTENTS

서문   4
에필로그   274

Part 1
알려진 미래의 문을 열다

1 | 요한계시록을 노크하다 (계 1:1-3)   12
2 | '십 일 동안'임을 감사하자 (계 2:8-11)   27
3 | 작은 능력의 위력 (계 3:7-13)   40
4 | 하늘문이 열리다 (계 4:1-11)   52
5 | 새 노래로 노래하는가? (계 5:7-14)   67

Part 2
장차 될 일에 대한 기록

6	인(印)을 떼실 때에 (계 6:9-17)	82
7	그대는 인침을 받았는가? (계 7:1-4)	93
8	그 고요함은 단 '반 시간'뿐이었다 (계 8:1-5)	104
9	무저갱이 열리다 (계 9:1-6)	116
10	이 책을 먹어버리라 (계 10:7-11)	123
11	'시나리오' 그대롭니다 (계 11:1-8)	131
12	전쟁 터 (계 12:13-17)	142
13	총명한 자는 짐승의 수를 헤아린다 (계 13:11-18)	153
14	시온산에 설 때까지 (계 14:1-5)	164
15	금 대접에 담긴 것 (계 15:1, 5-8)	176
16	벌거벗은 몸으로 돌아다니지 말라 (계 16:15-16)	188

Part 3
어린양과 함께할 삶의 방식

17	그가 이기시니 나도 이기리라 (계 17:14)	202
18	땅에 앉아 하늘을 사는 사람 (계 18:4-10)	211
19	하늘문이 열리고 (계 19:11-18)	223
20	흰 보좌 위에 책들이 펼쳐질 그날 (계 20:11-15)	234
21	새 하늘과 새 땅에 들어갈 자 (계 21:1-4)	243
22	복의 회복 (계 22:1-6)	258

1

알려진 미래의
문을 열다

1
요한계시록을 노크하다
계 1:1-3

2023년도 부활절은 4월 9일이었다. 그날 우리는 사망의 권세를 깨치시고 영광스런 모습으로 부활하신 주님을 높이며 찬양했다. 부활의 첫 열매가 되신 주님처럼 우리도 부활할 것이기 때문이다(고전 15:20). 그 주님께서 부활에는 두 종류가 있다고 말씀하셨다.

"선한 일을 행한 자는 생명의 부활로, 악한 일을 행한 자는 심판의 부활로 나오리라"(요 5:29).

생명의 부활은 어떤 부활이고, 심판의 부활은 어떤 부활인가? 이 두 종류의 부활에 대해 요한계시록은 이렇게 부연 설명을 했다.

"첫째 부활에 참여하는 자들은 복이 있고 거룩하도다 둘째 사망(둘째 부활)이 그들을 다스리는 권세가 없고 도리어 그들이 하나님과 그리스도의 제사장이 되어 천 년 동안 그리스도와 더불어 왕 노릇

하리라"(계 20:6).

첫째 부활이 있다. 이 부활은 모든 믿는 자에게 나타나는 '영광스러운 부활'이며 '생명의 부활'(요 5:29; 눅 14:14)이다. 이 부활에 참여하는 자들은 "복이 있고 거룩[한]" 자들이다.

또, 둘째 부활이 있다. 이 부활은 악인들이 불 못에 던져지기 전에 심판을 받기 위해 나타나는 부활, 믿지 않는 자들에게 나타나는 부활이다. 주님은 이 부활을 심판의 부활이라고 하셨다(요 5:29). 우리는 첫째 부활에 참여하는 자가 되길 소망한다.

부활절 아침에 요한계시록의 말씀을 나누던 중, 언젠가 이 강단에 서서 했던 약속을 떠올렸다. 로마서를 살피는 중이었는데, 이 로마서를 다룬 후에 요한계시록을 꼭 한번 다루겠다고 약속했다. 그러나 로마서 강해를 마친 후, 곧장 요한계시록을 다루지 못했다. 묵시와 예언, 상징으로 가득한 책이기에 좀 더 철저히 준비해야 된다고 생각했다. 하지만 약속에 대한 부담은 늘 마음 한편에 자리 잡고 있었다. 그런데 요한계시록을 인용하는 중에 요한계시록 1장 3절의 말씀이 눈에 들어왔다.

"이 예언의 말씀을 읽는 자와 듣는 자와 그 가운데에 기록한 것을 지키는 자는 복이 있나니 때가 가까움이라"(계 1:3).

무슨 뜻인가? 이 예언의 말씀에 복이 있다는 것이다. 또 하나는 때가 가깝다는 것이다. 깨달음을 얻었다. '아! 두 가지 이유로 요한계시록을 주셨구나!' 요한은 우리에게 복을 주기 위해서 이 예언의 말씀을 읽으라고 한다. 그러니까 요한계시록의 말씀은 복된 말씀이다. 또 요한은 때가 가까웠다고 말한다. 여기에 '때'는 재림의 때만을 말하는 게 아니다. 우리가 주님 앞에 설 때도 가까웠다는 말이다. 우리가 언제 주님 앞에 서게 될지 모르기에 어떤 이는 서랍을 정리하고, 어떤 이는 속옷을 골라 입고, 또 어떤 이는 유언장을 작성하기도 하지 않는가.

이처럼 요한계시록은 복된 말씀이고, 때가 가까이 왔음을 알리는 말씀이다. 이 복된 말씀을 등한시하거나 때가 가까이 왔음을 전하지 않는다면 그것은 영적 파수꾼으로 부름을 받은 목회자로서 직무유기가 아닌가. 그래서 요한계시록을 펼쳤다. 그러면서 몇 가지 원칙을 세웠다.

첫째, 장차 될 일들이므로 조심스럽게 접근할 것이다(벧후 3:16).
둘째, 난해한 부분은 차후로 미룰 것이다(사 34:16).
셋째, 오늘 우리에게 필요한 영적 양식에 초점을 맞출 것이다(요 6:51).

요한계시록을 펼치며

어떤 탁월한 신학자도 요한계시록을 완벽하게 풀고, 완전히 정복했다고 자신할 수 없을 것이다. 누구나 코끼리의 한 부분을 만질 뿐이다. 그래서 이 책을 시작할 때 우리는 너무 큰 자신감을 가지면 안

된다. 오히려 요한계시록은 우리에게 겸손을 요구한다. 이 말씀을 받았던 요한처럼 말이다. 요한이 어떤 태도로 이 말씀을 받았던가?

"내가 볼 때에 그의 발 앞에 엎드러져 죽은 자 같이 되매"(계 1:17).

요한과 예수님은 어떤 관계였나? 그는 제자로 부름을 받고, 3년 동안 예수님과 동고동락했다. 그의 별명은 '예수께서 사랑하시는 제자'였다(요 19:26). 열두 제자 중 이 별명을 가진 자는 요한 한 사람뿐이었다. 그는 예수님의 품에 어린아이처럼 안기기까지 했다. 그만큼 요한은 예수님과 격의 없이 따뜻한 관계를 유지하고 있었다. 그 요한이 밧모섬에서 예수님을 다시 만났다. 얼마나 반가웠겠는가? 달려가 부둥켜안고 싶었을 것이다. 그러나 이 말씀을 받을 때 요한은 주님의 발 앞에 엎드러져 죽은 자 같이 됐다. 도저히 자기가 감당할 수 없는 그 크고 위대하신 주님 앞에서 그를 마주할 수 없었던 것이다. 그는 주님의 말씀을 겸손한 자세로, 무겁게 받아들였다. 요한계시록을 대하는 우리도 기도하면서 겸손히 말씀 앞으로 나아가야 한다. 요한계시록은 이렇게 시작한다.

"예수 그리스도의 계시라 이는 하나님이 그에게 주사 반드시 속히 일어날 일들을 그 종들에게 보이시려고 그의 천사를 그 종 요한에게 보내어 알게 하신 것이라"(계 1:1).

요한이라는 이름을 가진 자는 여럿 있었는데, 여기 요한은 예수님의 제자였던 요한이다. 그는 요한복음, 요한 1, 2, 3서의 저자이기도 하다. 그는 "우레의 아들"(막 3:17)이란 별명을 가졌다. 이 요한에게 주께서 천사를 보내셔서 '반드시 속히 일어날 일', 즉 '장차 되어질 일'들을 받아 기록하도록 하셨다.

성경 66권 중 65권은 지나간 역사를 배경으로 하고 있다. 하지만 요한계시록은 독특하게 '장차 되어질 일'에 대한 예언의 말씀이다. 그런데 오늘날 교회는 이 책에 대해 양극단적인 태도를 보이고 있다. 하나는 지나친 결핍이다. 그동안 건전한 교회들은 요한계시록을 다루는 것을 무척 조심스러워했다. 솔직하게 말하면 꺼려했을 정도다. 건전한 교회들이 요한계시록을 꺼려한 이유는 뭘까? 혹시 신앙의 선배인 종교개혁자들의 영향은 아닐까? 종교개혁자 마틴 루터는 1522년에 출간한 요한계시록에 관한 글 서문을 이렇게 썼다.

"사도들은 환상을 다루지 않는다. 베드로나 바울은 서신에서 그리스도께서 하신 것처럼 분명하고 명백한 말로 예언을 다룬다."

무슨 뜻인가? 요한계시록은 환상과 같은 애매모호한 표현들로 구성돼 있으므로 베드로나 바울이 쓴 서신들과 동일시 할 수 없다는 뜻이다. 종교개혁자인 칼빈도 여러 주석을 썼지만, 요한계시록의 주석은 쓰지 않았다. 그 이유는 당시의 이런 분위기와 무관하지 않은 듯하다. 그러니 루터나 칼빈같은 종교개혁자들의 신학적 후예인 오늘날의 개혁교회들이 요한계시록을 다루기 조심스러워하는 것은 당연하다. 종교개혁자들이 요한계시록에 대해 다른 신약 성경과 똑같이 관심을 기울였다면, 오늘날 교회에서 이 책을 대하는 관점이 상당히 달라지지 않았을까.

반대로 자기 입맛에 맞춰 과잉 해석하기도 한다. 개혁교회들이 이 책을 조심스럽게 대하는 동안 이단에 가까운 사이비들, 시한부 종말론을 주창하는 자들, 세대주의자들은 계시록을 자신들의 전유물인양 너무 겁 없이 파헤쳤고, 헤집었다. 이들은 다른 성경보다 요한계시록에 집중했다. 거짓 선생들은 자기 확신에 찬 음성으로 검증되지 않은 가르침까지 동원하여 성도들을 호도했다. 성경을 자신들의 주장에 끼워 맞추면서 말이다. 이런 가르침에 물든 성도들은 정상적인 영적 성장을 하지 못했을 뿐 아니라 세계관과 종말론에 심각한 혼란을 겪게 됐다.

다미선교회를 기억하는가? 이들은 1992년 10월 28일 자정에 휴거가 온다고 거짓 주장했다. 많은 성도가 이 주장에 미혹돼 혼란스러워했다. 이 사건은 뉴스에도 대서특필 됐다. 가장 많이 미혹된 이들은 고3 수험생들이었다. 이들 중 일부는 입시를 때려치우고 산으로 들어가 버리기까지 했다.

이와 유사하게 미국의 '해롤드 캠핑'이라는 이가 2011년 5월 21일에 지구 종말과 휴거가 온다고 주장했지만, 그가 지목한 날엔 아무런 일도 일어나지 않았다. 그러자 해롤드는 영적 메시지를 잘못 파악했다고 말하며 5개월 뒤인 10월 21일이 진짜 종말의 날이고, 그날 예수님이 재림하신다고 번복했다. 그러나 거짓이었다. 문제는 이런 주장들이 여러 갈래로 가지를 치며 오늘날도 우리 주변에 뿌리를 내리고 있다는 점이다.

이처럼 교회는 요한계시록에 지나치게 결핍됐거나, 과잉됐다. 그래서 요한계시록은 오늘날 교회가 건강한지 판별하는 잣대 중에 하나가 된다.

현재를 살아라

병든 교회는 막연히 미래에 대해 겁을 주고, 엄포를 놓아 현재를 잃어버리게 만든다. 그들은 현재가 중요하지 않다고 말한다. 현재 고등학생에게 무엇이 중요한가? 바로 학업이다. 그런데 현재를 잃어버리면 학업을 팽개치고 산으로 들어가게 된다. 오늘 우리 주변에 음습하게 팔을 뻗치는 이단들을 보라. 공부하는 어린 학생들을 집에서, 학교에서, 친구에게서 빼앗는다. 아내를 남편과 별거하게 하고, 전셋집을 빼내서 집을 나가게 만든다. 그들을 아무리 설득해도 소용없다. 병든 교회가 이들에게서 현재를 빼앗았기 때문이다. 현재를 빼앗긴 자들은 당장 요한복음 11장을 펼쳐봐야 한다.

> "마르다가 예수께 여짜오되 주께서 여기 계셨더라면 내 오라버니가 죽지 아니하였겠나이다 예수께서 이르시되 네 오라비가 다시 살아나리라 마르다가 이르되 마지막 날 부활 때에는 다시 살아날 줄을 내가 아나이다"(요 11:21-24).

나사로가 죽었다. 죽은 지 나흘이 지나고서야 주님이 도착하셨다. 마르다는 너무 속상했다. 그래서 주님을 향해 이렇게 말했다.

"주께서 여기 계셨더라면"(요 11:21). 마르다는 과거에 집착했다. 주님은 그런 마르다를 향해 말씀하셨다. "네 오라비가 다시(지금) 살아나리라"(요 11:23). 지금 살아난다는 예수님의 말씀에 마르다는 이렇게 답했다. "마지막 날, 부활 때에는 다시 살아날 줄 믿습니다"(요 11:24). 과거를 이야기하다가 갑자기 미래로 휙 날아가 버렸다. 그녀는 무엇을 잃어버렸는가? 바로 현재를 잃어버렸다. 주님은 그런 마르다에게 말씀하셨다. "나는 부활이요 생명이니"(요 11:25), '나는 현재다', 그리스어로 'Εγo ειμι'(에고 에이미)라고 하셨다. 요한복음은 '나는 현재다'라는 말씀들로 넘쳐난다. '나는 빛이다', '나는 말씀이다', '나는 길이요 진리요 생명이다', '나는 선한 목자다', '나는 양의 문이다', '나는 포도나무.' 모든 표현이 전부 'Εγo ειμι'(에고 에이미)로 쓰였다. 물론 우리 삶에는 과거도, 닥쳐올 미래도 있다. 하지만 주님은 현재가 중요하다고 강조하셨다.

요한계시록에서도 이 흐름은 계속 이어진다. 주님의 초점은 과거도, 미래도 아니다. 요한계시록은 휴거, 666, 바코드, 베리칩, 144,000, 종말 등에 관해 답을 주는 책이 아니다. 요한계시록은 재림이 '언제' 있을지 알려주지 않는다. 그 재림을 '어떻게' 맞이할 것인지 알려줄 뿐이다. 요한계시록이 우리에게 강조하는 것은 'When'이 아니다. 'How'다.

주 어느 때 다시 오실는지 아는 이가 없으니
등 밝히고 깨어 있어 주를 반겨 맞으라
주 안에서 우리 몸과 맘이 깨끗하게 되어서

주 예수님 다시 오실 때에 모두 기쁨으로 맞으라
- '주 어느 때 다시 오실는지'(새찬송가 176장)

지금, 현재가 중요하다. 주님이 뭐라고 하셨는가?

"이 예언의 말씀을 읽는 자와 듣는 자와 그 가운데에 기록한 것을 지키는 자는 복이 있나니 때가 가까움이라"(계 1:3).

이 말씀의 시제가 어디에 맞춰졌는가? 과거나 미래가 아닌 현재다. 지금 이 예언의 말씀을 읽고 있는 자, 이 말씀을 듣고 있는 자, 기록된 것을 지키고 있는 자에게 복이 있다고 하셨다. 철저히 현재에 초점을 맞추신다.

"이제도 계시고 전에도 계셨고 장차 오실 이와 그의 보좌 앞에 있는 일곱 영과"(계 1:4).

주님이 자신을 소개하시는 순서도 현재, 과거, 미래다. 주님은 지난날도 계셨고, 장차 오실 분이다. 하지만 주님은 먼저 '이제도 계시고'라고 말씀하신다. 과거, 미래가 아닌 현재부터 언급하신다. 그렇다. '현재의 주님'이다.

데살로니가교회는 정말 모범적인 교회였다. 믿음의 역사와 사랑의 수고와 소망의 인내가 있는 교회였다(살전 1:3). 그야말로 질책할 말이 없는 교회였다. 그런데 이 교회가 어떤 따끔한 책망을 받는가?

"또 너희에게 명한 것 같이 조용히 자기 일을 하고 너희 손으로 일하기를 힘쓰라"(살전 4:11).

데살로니가교회는 '손으로 일하기를 힘쓰라'(살전 4:11)는 책망을 받았다. 이 말씀에서 '일'이 무엇인가? 학생들에겐 공부, 농부들에겐 파종, 직장인에겐 근무다. 이 모든 것이 '일'이다. 그런데 데살로니가교회는 일을 하지 않으려 했다. 주님의 재림이 임박했다고 생각했기 때문이다. 재림이 임박했으니 오늘 일할 필요가 없다고 생각했다. 이처럼 데살로니가교회는 현재를 잃어버렸다. 그래서 책망받았다.

건강한 교회, 건강한 성도는 오늘을 결코 가볍게 보지 않는다. 요한계시록은 현실을 직시하면서 오늘, 지금, 여기서 온전하고 바르게 살도록 격려한다. 오늘을 중요하게 생각하도록 가르친다. 현재를 결코 무시하지 않는다. 현재가 빠진 신앙을 위험하다고 경고한다.

예수 그리스도의 계시

요한계시록의 총주제는 뭘까? 어떤 이는 요한계시록 1장 7절이 총주제라고 한다.

"볼지어다 그가 구름을 타고 오시리라 각 사람의 눈이 그를 보겠고 그를 찌른 자들도 볼 것이요 땅에 있는 모든 족속이 그로 말미암아 애곡하리니 그러하리라 아멘"(계 1:7).

그렇게 생각할 수 있다. 요한계시록이 이렇게 종결되기 때문이다.

"이것들을 증언하신 이가 이르시되 내가 진실로 속히 오리라 하시거늘 아멘 주 예수여 오시옵소서"(계 22:20).

우리는 요한계시록을 통해 '이 땅의 끝'이 끝이 아니며, 우리 인생은 이 땅에 머무는 것으로 끝나지 않는다는 사실을 깨닫는다. 우리는 잠깐 이 땅에 머무르는 나그네 인생을 살고 있고, 우리의 본향은 따로 있다. **'주님이 다시 오시는 그날, 영원한 하나님의 나라가 펼쳐질 것이다.'** 이 하나님 나라에 대한 갈망이 우리에게 있어야 한다. 이 갈망을 잃어버리면 제대로 된 신앙생활을 할 수 없다. 그러므로 하나님 나라에 대한 갈망이 요한계시록의 주제라고 할 수 있다. 하지만 '갈망'을 요한계시록의 총 주제라고 보자니 어쩐지 만족스럽지 않다. 그렇다면 무엇이 요한계시록의 주제일까?

지금까지 사역하면서 헤아릴 수 없이 많은 목회자, 신학자, 설교자를 만났다. 그리고 수많은 설교를 들었다. 그 중에서 가장 마음에 와닿는 설교자 한 분을 말하라면 나는 주저함 없이 故양승달 목사(1934-1981)라고 말할 것이다. 그는 47세에 간암으로 세상을 떠나기 직전, 요한계시록을 강해했다. 강해에서 그는 이렇게 말했다. "사도 요한이 계시록의 이름을 예수 그리스도의 계시라고 한 것은 결코 우연이 아니다. 만약 신약 성경의 이름을 붙이는 자가 계시록을 좀 더 깊이 숙고했더라면 이 책을 '요한계시록'이라고 하지 않고, '예수 그리스도의 계시'라고 이름 붙였을 것이다. 그러니까 이 책의 총 주제는 예수 그리스도라는 말이다." 나는 이분의 견해에 전적으로 동의한다. 그래서 요한계시록 1장 1절이 이렇게 시작되는 것이다.

"예수 그리스도의 계시라"(계 1:1).

그렇다. 예수 그리스도가 요한계시록의 총 주제다. 인간의 몸을 입으시고 이 땅에 오셔서 낮아질 대로 낮아지신 예수님, 나를 위하여 십자가에 죽으셨으나 사흘 만에 부활하신 예수님, 승천하시고 지금도 보좌 우편에서 우리를 위해 간구하시는 주님, 일곱 금 촛대 사이를 다니시면서 오늘도 우리의 모든 것을 주관하시는 우리 주님이 이 요한계시록의 주인공이시다.

마라나타!

이 책은 주후 90년대 중반쯤에 쓰였다. 이때 교회는 로마 황제들로부터 극심한 박해를 받았다. 베드로를 비롯한 사도들은 다 세상을 떠났고, 홀로 남은 사도 요한이 고군분투를 하다가 밧모섬에서 유배 생활을 하고 있었다.

"나 요한은 너희 형제요 예수의 환난과 나라와 참음에 동참하는 자라 하나님의 말씀과 예수를 증언하였음으로 말미암아 밧모라 하는 섬에 있었더니"(계 1:9).

당시 대제국 로마는 '황제 숭배'라는 치졸한 방법으로 거대한 영토를 통치하려 했다. 몇몇 황제들은 신이라고 자처하며 자신을 숭배하게 했다. 하지만 그리스도인들은 황제 숭배를 단호히 거부했다. 그 탓에 교회는 무자비한 박해를 받았다. 유명한 네로 황제(제5대)를 거쳐 도미티안 황제(제8대)에 이르기까지 형언할 수 없는 박해가 자행되었다. 그때 성도들은 생각했다. '왜 주님은 우리를 내버려 두시는가? 왜 주님이 다시 오시지 않는가?' 바로 그때 주님께서 요한에게 천사를 보내셨다. 그리고 말씀하셨다.

"요한은 아시아에 있는 일곱 교회에 편지하노니 이제도 계시고 전에도 계셨고 장차 오실 이와 그의 보좌 앞에 있는 일곱 영과"(계 1:4).
"또 충성된 증인으로 죽은 자들 가운데에서 먼저 나시고 땅의 임금들의 머리가 되신 예수 그리스도로 말미암아 은혜와 평강이 너희에게 있기를 원하노라 우리를 사랑하사 그의 피로 우리 죄에서 우리를 해방하시고"(계 1:5).
"곧 살아 있는 자라 내가 전에 죽었었노라 볼지어다 이제 세세토록 살아 있어 사망과 음부의 열쇠를 가졌노니"(계 1:18).

이 말씀을 받은 성도들에겐 더 이상 '죽음'에 대한 두려움이 없었다. 황제가 갖가지 방법을 동원해 성도들을 죽음의 도가니로 몰아넣었지만, 그들은 조금도 두려워하지 않았다. 무엇이 이들을 죽음 앞에서 당당하게 만들었을까? 주님이 세세토록 살아 계시며 지금도 함께 계시고, 사망과 음부의 열쇠를 그 주님이 갖고 계신다는 사실을 알았기 때문이다.

그중에서도 폴리갑(AD.80-165)은 사도 요한의 제자였다. 로마의 총독은 서머나 교회를 섬기고 있던 폴리갑을 체포하고, 그를 심문했다. "너가 믿는 예수 그리스도를 저주하겠느냐?" 폴리갑은 대답했다. "나는 그리스도인입니다." 총독은 끝까지 폴리갑을 회유했다. "그리스도를 욕하라." 그러나 폴리갑은 자신을 회유하는 로마 총독을 향해 유명한 말을 남겼다. "나는 지난 86년 동안 그분의 종이었습니다. 그동안 그분은 나에게 아무런 잘못도 하지 않으셨습니다. 그런데 내가 어떻게 저주하고 욕할 수 있단 말입니까?" 총독은 폴리갑을 계속 설득했다. "가이사의 이름으로 맹세하라." 그러나 폴리갑은 전혀 흔들리지 않고 오히려 로마의 총독을 설득했다. "나는 그리스도인입니다. 이제 여러분이 기독교 교리를 배우기 원한다면 나에게 와서 배우십시오." 그렇게 폴리갑은 순교자의 피를 뿌리며 형장의 이슬로 사라졌다. 주님은 요한계시록 1장 7절에서 선언하셨다.

"볼지어다 그가 구름을 타고 오시리라 각 사람의 눈이 그를 보겠고 그를 찌른 자들도 볼 것이요 땅에 있는 모든 족속이 그로 말미암아 애곡하리니 그러하리라 아멘"(계 1:7).

이 엄숙한 예수님의 외침은 모든 무덤의 밑바닥까지 들린 외침이다. 모든 바다의 깊은 곳, 지구촌 구석구석, 저 먼 우주의 끝까지 도착할 고함소리다. 지구상에 출생한 첫 인간부터 재림 직전에 죽어

잠든 심령들까지 깨우는 우렁찬 소리다. '볼지어다 구름을 타고 오시리라. 각 사람의 눈이 그를 보겠고…' 이 장엄한 선언에 예외인 자는 이 세상에 단 한 명도 없다.

사랑하는 여러분!

주님은 하늘로 가신 그대로 다시 오신다. 모든 성경의 예언이 이루어진 것과 같이 주님의 재림도 이루어진다. 우리에게 생명을 주시기 위해 초림으로 오셨다면 재림의 주님은 죽은 우리를 다시 살리시기 위해 오신다. 그 주님께서 이 땅에 계실 때 말씀하셨다.

"내 아버지 집에 거할 곳이 많도다 그렇지 않으면 너희에게 일렀으리라 내가 너희를 위하여 거처를 예비하러 가노니 가서 너희를 위하여 거처를 예비하면 내가 다시 와서 너희를 내게로 영접하여 나 있는 곳에 너희도 있게 하리라"(요 14:2-3).
"갈릴리 사람들아 어찌하여 서서 하늘을 쳐다보느냐 너희 가운데서 하늘로 올려지신 이 예수는 하늘로 가심을 본 그대로 오시리라 하였느니라"(행 1:11).
"이것들을 증언하신 이가 이르시되 내가 진실로 속히 오리라 하시거늘 아멘 주 예수여 오시옵소서"(계 22:20).

그러므로 우리 또한 초대교회 성도들처럼 인사를 나눠야 한다. "우리 주여 오시옵소서"(고전 16:23). 마라나타!

2
'십 일 동안'임을 감사하자
계 2:8-11

요한계시록의 숫자들

요한계시록에는 숫자들이 자주 언급되는데, 이 숫자들을 그냥 지나쳐서는 안 된다. 이 숫자들이야말로 요한계시록을 푸는 열쇠일 때가 많기 때문이다. 대표적인 숫자가 '십사만 사천'이라는 숫자다. 하지만 이 숫자는 뒤에서 자세히 다룰 것이므로 여기선 넘어가자. 요한계시록 1장과 2장에서는 일곱이란 숫자가 자주 언급된다.

> "요한은 아시아에 있는 **일곱 교회**에 편지하노니 이제도 계시고 전에도 계셨고 장차 오실 이와 그의 보좌 앞에 있는 **일곱 영과**"(계 1:4).
> "그의 오른손에 **일곱 별**이 있고 그의 입에서 좌우에 날선 검이 나오고 그 얼굴은 해가 힘있게 비치는 것 같더라"(계 1:16).
> "네가 본 것은 내 오른손의 **일곱 별**의 비밀과 또 **일곱 금 촛대라 일곱 별**은 **일곱 교회**의 사자요 **일곱 촛대**는 **일곱 교회**니라"(계 1:20).

"에베소 교회의 사자에게 편지하라 오른손에 있는 **일곱 별을 붙잡고 일곱 금 촛대 사이를 거니시는 이가 이르시되**"(계 2:1).

여기서 '일곱'이란 숫자는 무엇을 의미할까? 그중에서도 '일곱 교회'를 말씀하시는데(계 1:4, 20) 일곱 교회는 어떤 교회를 의미할까? 당시 소아시아 지방에는 요한계시록에 나타난 일곱 교회만 있지 않았다. 골로새(골 1:1-2), 히에라폴리스(골 4:13), 드로아(고후 2:1), 밀레도(행 20:17) 같은 교회들이 있었다. 그런데 왜 요한계시록에서는 일곱 교회만 선택하시고, 일곱 교회에만 편지를 보내셨을까? 또 하나 의문이 있다. 주님은 왜 이렇게 편지를 마무리하셨을까?

"귀 있는 자는 성령이 교회들에게 하시는 말씀을 들을지어다"(계 2:7, 11, 17, 29, 3:6, 13, 22).

언제나 '교회들'이다. 무엇을 뜻할까? 그리고 '인자 같으신 이', 즉 일곱 별을 붙잡고, 일곱 금 촛대 사이를 거니시는 주님이 자신을 어떻게 소개하시는가?

"이제도 계시고 전에도 계셨고 장차 오실 이와"(계 1:4).
"주 하나님이 이르시되 나는 알파와 오메가라 이제도 있고 전에도 있었고 장차 올 자요 전능한 자라 하시더라"(계 1:8).

이런 의문들을 어떻게 풀어야 하는가? 이때 우리는 일곱이란 숫자에 눈을 돌려야 한다. 우리는 보통 일곱을 완전수라고 부른다. 그러므로 이 편지는 당시 실제 존재했던 일곱 교회에 보낸 편지임과 동시에 흩어져 있던 여러 교회, 그 교회들을 뛰어넘어 그전에 생긴 교회, 그 후에 생긴 교회, 즉 시대와 상황, 형편과 처지를 초월하여 존재했던 모든 교회에 주시는 말씀이다. 주님은 지난날에 존재했던 교회, 지금 존재하고 있는 교회, 더 나아가 장차 존재할 지상의 모든 교회의 주님이시다. 그 모든 교회의 금 촛대 사이를 거니시는 분이시다. 그렇다면 이 말씀, 이 편지는 오늘 우리 충정교회에 주시는 말씀이요, 편지다. 그리고 작은 교회인 나에게 주시는 말씀이다. 내가 믿는 주님은 그 옛날, 저 먼 소아시아의 에베소 교회에서만 거니셨던 주님이 아니다. 지금도 살아 계시고, 이곳에 임재하시면서 일곱 별을 붙잡고, 일곱 금 촛대 사이를 거니시며 이 교회를 다스리시고 주관하시는 분이다. 우리의 경배를 받으시고, 우리의 간구를 들으시고, 우리의 눈물을 닦아 주시는 분이다.

'이곳에 오셔서 이곳에 앉으소서, 이곳에서 드리는 예배를 받으소서'
  - '임재(조영준)

우리가 즐겨 부르는 찬양의 가사에는 어폐가 있다. 지금 이곳에 이미 주님이 계시기 때문이다. 특별히 '주의 날'에 임재해 계시기 때문이다(계 1:10). 오늘 이 자리에, 내 심령 속에 주님이 이미 임재하셨다. 이것이 일곱이라는 숫자 속에 담긴 놀라운 비밀이다.

'십 일'을 기억하라

이처럼 숫자가 중요하다. 요한계시록에 언급된 숫자를 그냥 지나치지 말아야 한다. 작위적으로 풀어서도 안 된다. 숫자를 신경 쓰며 서머나 교회에 주신 말씀을 보자. 다른 숫자 하나가 눈에 들어온다.

"너는 장차 받을 고난을 두려워하지 말라 볼지어다 마귀가 장차 너희 가운데에서 몇 사람을 옥에 던져 시험을 받게 하리니 너희가 십 일 동안 환난을 받으리라 네가 죽도록 충성하라 그리하면 내가 생명의 관을 네게 주리라"(계 2:10)

참으로 귀한 말씀이다. 교회에서 헌신한 자들에게 상패를 줄 때 어김없이 사용되는 구절이 바로 요한계시록 2장 10절 하반절이다. 그런데 우리는 이 하반절보다는 바로 앞부분, "십 일 동안 환난을 받으리라"의 '십 일'이란 숫자에 시선을 고정해야 한다. 서머나 교회 성도들이 환난을 당하고 있는데 환난을 받는 기간이 '십 일'이라는 말씀이다. 어떻게 해석해야 할까? 우리는 먼저 성경에서 '십 일(열흘)'이 언제, 어떤 의미로 쓰였는지 살펴야 한다.

첫째, 성경에서 '열흘'이 처음 등장하는 곳은 창세기 24장이다.

"리브가의 오라버니와 그의 어머니가 이르되 이 아이로 하여금 며칠 또는 **열흘**을 우리와 함께 머물게 하라 그 후에 그가 갈 것이니라"(창 24:55).

아브라함이 아들 이삭의 배필을 구하기 위해 늙은 몸종 엘리에셀을 먼 북쪽 하란으로 보냈다. 엘리에셀은 막막했다. 어디에서 이삭의 배필을 찾는단 말인가. 그는 기도하면서 이삭의 배필을 찾았다. 그러던 중 기도에 응답을 받아 한 처녀를 만났다. 그 처녀에게 배필을 찾으러 왔다고 말하니 그 처녀가 가겠다고 답했다. 그런데 처녀의 가족들은 딸과 헤어지고 싶지 않았다. 떠나면 언제 다시 만날 수 있을지 알 수 없었기 때문이다. 그의 가족은 딸이 '열흘'만 가족과 함께 머물며 석별의 정을 나눈 후에 가게 했으면 좋겠다고 제안했다. 그때 '열흘'이라는 기간이 등장했다.

둘째, '나발'에 대한 말씀에서 열흘이 등장한다.

"한 열흘 후에 여호와께서 나발을 치시매 그가 죽으니라"(삼상 25:38).

다윗이 왕이 되기 직전, 이스라엘에 나발이라는 자가 있었다. 그는 매우 부자였다. 하지만 다른 사람들에게 긍휼을 베푸는 것에는 매우 인색했다. 사울에게 쫓기던 다윗이 나발에게 도움을 청했다. 그러자 그는 거만하게 "다윗은 누구며, 이새의 아들은 누구냐?"(삼상 25:10)라고 말하면서 다윗을 홀대했다. 그 일이 있고 '열흘' 후에 하나님께서 나발을 직접 치셨다. 나발은 모든 것을 다 두고 세상을 떠나게 됐다. 그때 '열흘'이라는 기간이 언급된다. 여기서 '열흘'은 긍휼을 베풀 기간, 자비를 베풀 기간을 의미한다.

"그러므로 우리는 기회 있는 대로 모든 이에게 착한 일을 하되 더욱 믿음의 가정들에게 할지니라"(갈 6:10).

셋째, 다니엘서에 등장한 '열흘'이다.

"청하오니 당신의 종들을 열흘 동안 시험하여 채식을 주어 먹게 하고 물을 주어 마시게 한 후에 당신 앞에서 우리의 얼굴과 왕의 음식을 먹는 소년들의 얼굴을 비교하여 보아서 당신이 보는 대로 종들에게 행하소서 하매 그가 그들의 말을 따라 **열흘** 동안 시험하더니"(단 1:12-14).

다니엘을 위시한 젊은이들이 바벨론에 포로로 끌려갔다. 다니엘은 그곳에서 친구 셋과 함께 특별한 부름을 받고, 열흘 동안 시험을 치르게 된다. 바벨론의 다른 젊은이들은 왕이 하사하는 영양가 있는 음식을 섭취했다. 하지만 다니엘과 세 친구는 왕의 음식과 포도주로 자기를 더럽히지 않겠다며 거절했다. 그래서 환관장은 다니엘과 세 친구에게는 채식을 제공했다. 열흘 후에 어떤 결과가 나왔는가?

"**열흘** 후에 그들의 얼굴이 더욱 아름답고 살이 더욱 윤택하여 왕의 음식을 먹는 다른 소년들보다 더 좋아 보인지라"(단 1:15).

그렇다면 요한계시록에 열흘은 무슨 의미일까? 미국 웨스트민스터신학교의 그레고리 빌 교수는 다니엘서의 열흘이 요한계시록 2장 10절의 '십 일'의 배경이 된다고 보았다. 그는 이렇게 설명을 이어간다. "열흘이란 기간의 핵심은 열흘이 '한시적', '제한적'이라는 것이다. 즉, 성도들이 땅 위에서 환난과 시험을 당하는 기간이 한시적이라는 뜻으로 '열흘'을 언급하고 있다고 본다." 나는 이 교수의 견해에 동의한다. 요한계시록 2장 10절의 '십 일'은 한시적임을 강조하는 숫자다. 우리는 어떤 시련과 고난을 당할 때, 그것이 '영원'할 것이라는 생각 때문에 절망하고 낙심하고 좌절한다. 그러나 하나님은 우리의 고난을 '십 일'이란 한시적인 기간만 허락하신다. 고통은 영원하지 않다. 시련과 고난의 기간은 정해져 있다. '십 일'은 지나간다. 그러니까 '십 일'은 이 또한 반드시 지나간다는 사실을 깨우쳐 주는 희망의 숫자다. 더 나아가 '십 일' 후에는 놀라운 일이 기다리고 있다는 메시지를 전달해 주었던 노아의 비둘기와 같다.

온 세상이 홍수로 뒤덮였을 때 노아는 방주 덕분에 구원받을 수 있었다. 하지만 방주 안은 어땠는가? 방주에는 하늘을 향해 난 창 하나가 전부였다. 환기가 잘 되지 않았다. 그런 곳에 가축들과 함께 있었다. 냄새가 얼마나 진동했을까? 무려 일 년 동안 말이다. 얼마나 힘들었을까? 창을 바라보니 어느덧 비는 그친 듯했다. 그러나 도대체 여기가 어디며, 어떤 상황인지 알 길이 없었다. 언제까지 방주 안에 있어야 할지 도무지 가늠되지 않았다. 정보를 얻기 위해 창밖으로 까마귀를 날려 보냈다. 하지만 까마귀는 돌아오지 않았다. 기다리다 지친 노아가 이번에는 비둘기를 내보냈다. 비둘기는 얼마 후

'감람나무 새 잎사귀'를 물고 돌아왔다. 이 조그만 잎사귀가 가지고 있는 뜻이 무엇인가? '조금만 참으십시오. 물이 줄어들고 있습니다. 여기 감람나무 새 잎사귀가 돋아나고 있습니다. 잠시 후에 우리는 모두 땅을 밟게 될 것입니다.' 그렇다. '열흘'은 한시적이다. 주님은 이 고난과 시련이 지나가게 하신다.

서머나 교회는 빌라델비아 교회(계 3:7-13)와 함께 칭찬만 받았던 교회다. 에베소 교회처럼, 라오디게아 교회처럼 책망과 경고를 받지 않았다. 그만큼 서머나 교회는 모범적인 교회, 영적인 교회, 주의 기쁨이 되는 교회였다. 그렇다면 이런 교회, 이런 교회 성도에게는 시련과 아픔, 고난이 없어야 정상이 아닐까! 이런 교회에는 상급과 축복만 넘쳐야 하지 않겠는가! 그래야 주변 사람들도 '야! 예수를 믿더니 저렇게 잘되고 형통하고, 복을 받는구만. 나도 예수를 믿어볼까?'라고 생각하며 교회를 찾지 않겠는가? 그러나 실상은 반대였다.

"네 환난과 궁핍을 알거니와 실상은 네가 부요한 자니라 자칭 유대인이라 하는 자들의 비방도 알거니와 실상은 유대인이 아니요 사탄의 회당이라"(계 2:9).

서머나 교회에 '환난과 궁핍'이 찾아왔다. 비방하는 소리가 하늘을 찌를 듯했다. 심지어 사탄의 회당도 등장했다. 간음한 여인을 가운데 세우고선 '조리돌림'을 하듯이 인격을 살해하는 행위가 버젓이 자행됐다. 문제는 여기서 끝나지 않았다. 지금까지 겪었던 환난과 궁핍도 감당하기 어려웠는데, 지금보다 더 큰 환난과 시련이 닥칠 것이라고 말씀하셨다.

> "너는 장차 받을 고난을 두려워하지 말라 볼지어다 마귀가 장차 너희 가운데에서 몇 사람을 옥에 던져 시험을 받게 하리니 너희가 십 일 동안 환난을 받으리라 네가 죽도록 충성하라 그리하면 내가 생명의 관을 네게 주리라"(계 2:10).

'마귀', '감옥'이라는 두려움을 안겨주는 단어들이 동원됐다. 더 큰 시련을 당하게 될 것이라고 말씀하셨다. 이 사실을 어떻게 받아들여야 하는가? 평생 예수 믿는다고, 믿음으로 산다고 혼신의 힘을 쏟아 부었다. 한 푼 한 푼 절약해 헌금도 하고, 구제도 하고, 열심히 봉사했다. 생명을 걸고 주일을 지켰다. 우상숭배를 해서는 안 된다는 생각에 시댁, 남편에게 핍박을 받으면서 제사를 거부했다. 그렇게 하면 하나님이 축복해 주실 줄 알았다. 그런데 그게 아니다. 시련과 아픔의 연속이다. 문제투성이다. 무엇보다 그런 나의 삶이 예수 이름을 높이지 못하고, 교회에 덕도 안 되는 것 같다. 그래서 낙심한다. 그런데 성령께서 말씀하신다. "그게 끝이 아니야! 더 큰 시련과 환난이 닥칠 거야! 마귀가 덤벼들 거야. 감옥에 갇히게 될 거야. 사탄의 회당에 둘러싸일 거야!" 이 사실을 받아들일 수 있겠는가? 혹시 이런 상황에 던져져 있는 사람은 없는가? 분명히 있을 것이다. 왜냐하면 이 말씀은 당시 서머나 교회에 주신 말씀임과 동시에 오늘 우리에게, 우리 교회에, 더 나아가 나에게 주신 말씀이기 때문이다.

이런 분들은 '십 일'이라는 숫자에 밑줄을 치시기 바란다(계 2:10).

이 숫자에 소망이 있다. 조개 속에 숨겨진 영롱한 진주와 같은 놀라움이 있다.

모든 것이 '주'(主) 안에서

그렇다면 '십 일' 속에 담겨 있는 메시지가 무엇인가?

첫째, 주(主)의 장중에 있다.

열흘은 고난이 제한적이고 시한부적이라는 의미를 갖는다. 하지만 더 나아가 열흘이란 숫자는 모든 것이 주님의 장중에 있음을 알려준다. 욥을 시기 질투한 사탄이 욥을 시험한 바 있다. 하지만 사탄의 그 시험도 하나님의 장중에 있었다. 주께서 뭐라고 하셨는가?

"여호와께서 사탄에게 이르시되 내가 그의 소유물을 다 네 손에 맡기노라 다만 그의 몸에는 네 손을 대지 말지니라 사탄이 곧 여호와 앞에서 물러가니라"(욥 1:12).

마태복음에서는 뭐라고 하셨는가?

"참새 두 마리가 한 앗사리온에 팔리지 않느냐 그러나 너희 아버지께서 허락하지 아니하시면 그 하나도 땅에 떨어지지 아니하리라"(마 10:29).

둘째, 주(主)께서 다 아신다.

서머나 교회에 보내는 편지에는 '실상'과 '알거니와'라는 단어가 두 번이나 나온다(계 2:9). 우리는 한계가 있는 인간이라 상황을 잘못 읽을 때가 많다. 내 눈앞에 놓인 상황만 보고 잘못 판단하기도 한다. 하지만 주님은 정확히 다 알고 계신다. 그리고 모든 것을 우리에게 유익이 되게 이끄신다.

> "우리가 알거니와 하나님을 사랑하는 자 곧 그의 뜻대로 부르심을 입은 자들에게는 모든 것이 합력하여 선을 이루느니라"(롬 8:28).

벼랑 끝으로 내몰리는 듯해 보여도 그곳에서 보화를 발견하게 된다. 역사에 뚜렷한 발자취를 남긴 자들을 보라. 음악가, 문필가, 화가, 조각가 등이 남긴 작품들을 보라. 시련과 고난이 없었더라면 그런 작품, 열매, 성공을 거둘 수 있었겠는가?

모빌스 그룹에서 발간한 『프리 워커스』라는 책이 있다. 그 책에 캐나다인 가수 레너드 코헨의 가사를 인용한 글귀가 있다. "완벽하려고 애쓰지 마세요. 모든 것엔 틈이 있답니다. 그 틈으로 빛이 들어오죠." 2023년 5월에 방한한 캐나다의 트뤼도(Justin Trudeau) 총리도 만찬 현장에서 이 가수의 가사를 인용했다. 틈이 생길 때 얼마나 고통스러운가. 나눠지고 찢어져야 하지 않는가. 하지만 틈이 생겨야 비로소 빛이 들어온다. 그래서 성경은 '실상은 유익이라. 실상은 네가 부요한 자니라'라고 '실상은'을 반복하는 것이다. 주님은 다 알고 계신다. 틈이 생겨야 비로소 빛이 들어갈 수 있기에 상처 입고 찢어지는 모습을 보고 계시는 것이다.

셋째, 주(主)께서 끝까지 붙드신다.

"이기는 자는 둘째 사망의 해를 받지 아니하리라"(계 2:11).

이 말씀의 뜻은 우리를 끝까지 붙드신다는 뜻이다. 둘째 사망이 있지만, 하나님의 자녀들을 둘째 사망에는 이르지 않게 하신다는 말씀이다. 그리고 첫째 부활, 생명의 부활에 주의 자녀들을 참여케 하신다. 그 어떤 것도 우리를 우리 주 예수 그리스도 안에 있는 하나님의 사랑에서 끊을 수 없다(롬 8:39).

'모든 것이 선하신 하나님의 장중에 있다.' '하나님이 모든 것을 다 알고 계신다.' '끝까지 우리를 붙으신다.' 이 세 가지를 믿는 것이 중요하다. 어떻게 이 사실을 믿을 것인가? 감사하자. '십 일 동안'이라는 이 숫자에 감사하자. 왜냐하면 '십 일'이라는 이 숫자 속에 놀라운 은총이 담겨 있기 때문이다. 베드로는 이렇게 말한다.

"부당하게 고난을 받아도 하나님을 생각함으로 슬픔을 참으면 이는 아름다우나 죄가 있어 매를 맞고 참으면 무슨 칭찬이 있으리요 그러나 선을 행함으로 고난을 받고 참으면 이는 하나님 앞에 아름다우니라 이를 위하여 너희가 부르심을 받았으니 그리스도도 너희를 위하여 고난을 받으사 너희에게 본을 끼쳐 그 자취를 따라오게 하려 하셨느니라"(벧전 2:19-21).

여기서 가장 중요한 부분은 '하나님을 생각함'이다. '하나님을 생각함'이란 뭘까?

첫째, 하나님이 모든 것을 주관하신다.
둘째, 하나님이 다 알고 계신다.
셋째, 하나님이 끝까지 붙드신다.

하나님을 생각할 수 있도록 평일에도 주의 전에 나와 조용히 보좌를 바라보며 기도해 보자. 예배당에 나와서 하늘을 바라보며 하나님을 생각하면 이는 '하나님 앞에서 아름다운 것'이라고 했다. 우리 주님은 고난을 받으사 우리에게 그 고난의 자취를 따라오게 하셨다. 우리 모두 조용히 하나님을 생각하는 것을 습관화하자. 직장, 시장, 등하교 시에 하나님 앞에 나아가 조용히 생각하자. 그러한 자에게 하나님의 은혜가 임할 것이다. 하나님의 말씀이 희귀했던 시절, 성전에서 생활하던 어린 사무엘에게 나타나셨던 하나님이 오늘 우리에게도 나타나실 것이다. 오셔서 음성을 들려주시며, 갈 길을 인도해 주실 것이다. 그러므로 그 환난이 '십 일 동안'임을 오히려 감사하는 우리가 다 될 수 있기를 바란다.

3
작은 능력의 위력
계 3:7-13

한때 교회 이름을 자연스럽게 짓는 유행이 일었다. 그 전에는 거의 지역 이름을 가져다 썼다. 우리 교회도 처음에는 죽첨(竹添)교회였다. 당시 교회가 있는 곳의 지명이 죽첨이었는데, 일본 영사의 이름을 딴 것이었다. 하지만 광복 후 지명이 충정로로 개명되어 교회 이름도 충정교회로 바꿨다. 그러다가 일산으로 이주했다. 그곳에는 세련된 이름의 교회가 많았다. 한소망교회, 벧엘교회, 풍성한교회, 거룩한 빛 광성교회… 우리 교인들 사이에서도 "교회를 옮긴 김에 이름도 바꾸자. 충정이 뭐냐? 군(軍) 냄새가 풀풀난다. 우리도 쌈박하게 이름을 바꾸자"는 여론이 팽배했다. 마음이 흔들렸지만, 다시 곰곰이 생각했다. '담임목사를 믿고, 정든 모든 것을 뒤로하고 이 낯선 곳까지 따라온 성도들인데 교회 이름까지 바뀌면 얼마나 낯설어할까? 그리고 충정이란 이름, 위로 하나님께 충성하고(忠), 내 곁의 이웃들과의 관계에서 반듯하게(正) 살기를 열망하는 공동체. 이렇게 풀이하고 보니 얼마나 의미있고 뜻깊은가?' 그래서 '충정교회'란 이름을 그대로 가지고 가기로 했다. 20여 년이 지난 지금도 '그때 참 잘 판단했다'는 생각을 한다.

형제 사랑의 교회, 빌라델비아

이천 년 기독교 역사상 교회 이름으로 가장 많이 선호된 이름이 뭘까? 바로 소아시아에 있던 '빌라델비아 교회'다. 이 이름이 가장 많다고 한다. 수많은 교회가 이 이름을 택한 이유가 뭘까? 그 교회를 본받고 싶어서, 그 교회처럼 칭찬받고 싶어서 일 것이다. 그 교회가 오늘 본문에 등장한다. 그 이름은 어디에서 유래했을까? 빌라델비아는 그리스어로 '사랑'을 뜻하는 '필로스'(φιλος)와 형제를 뜻하는 '아델포스'(αδελφός)의 합성어로 '형제 사랑'이라는 뜻을 담고 있다. 이 합성어는 성경에서 두 군데 등장한다.

"형제 사랑에 관하여는 너희에게 쓸 것이 없음은 너희들 자신이 하나님의 가르치심을 받아 서로 사랑함이라"(살전 4:9).

빌라델비아란 도시는 앗탈로스(Attalus) 2세에 의해 건설됐다. 앗탈로스 2세에게는 유메네스 2세라는 형이 있었다. 형은 전쟁에 나갈 때마다 동생에게 국정 전체를 맡기곤 했다. 평소처럼 형이 전쟁에 나가고 앗탈로스가 형 대신 국정을 보던 어느 날이었다. 그에게 형이 전사했다는 소문이 들려왔다. 그래서 앗탈로스는 형을 대신해 왕의 자리에 올랐다. 그런데 얼마 후 전사했다던 그 형이 멀쩡히 살아 전쟁터에서 돌아오고 있다는 소식이 들려왔다. 주변의 신하들은 앗탈로스를 부추겼다. "형을 죽이고, 그 자리를 그냥 차지하십시오." 그때 앗탈로스는 고개를 가로저었다. "이 자리는 형의 자리요. 난 그럴 수 없소" 그러면서 순순히 왕의 자리에서 물러났다.

전쟁터에서 돌아온 형은 전후 사정을 알게 됐다. 형은 동생의 충성심을 높이 샀다. 그리고 시간이 흘러 왕인 형이 죽게 되자 형은 왕위를 자기 자식이 아닌 동생 앗탈로스에게 물려주므로 진정한 형제 사랑이 무엇인지를 온 천하에 보여주었다. 오늘날 권력 앞에 눈이 먼 자들이 얼마나 많은가? 잠시 허점이 보이고, 빈자리가 생기면, 온갖 수단과 방법을 다 동원하여 남을 모함하고, 헐뜯고, 짓밟고선 그 자리를 차지하려는 자들 말이다. 하지만 앗탈로스는 달랐다. 하나님을 믿는 자녀라면 이래야 하지 않을까?

빌라델비아 교회는 지역 이름을 고집했다기보다는 '형제 사랑'을 지향하는 교회로 출발했다고 볼 수 있다. 그렇게 볼 수 있는 다른 근거가 있다. 이 도시에는 화산과 지진이 자주 일어났다. 그중에 A.D 17년에 일어난 큰 지진은 이 도시를 완전히 파괴했다. 그때 로마 황제 티베리우스(Tiberius)가 복구에 큰 도움을 줬다. 감사의 표시로 도시 이름을 빌라델비아에서 "황제의 새 도시"(the new city of Caesar, 네오 가이사랴)로 바꿨다. 다시 A.D 70년 페스파시안 황제가 그 도시를 점령하게 되자 도시 이름은 폴라비오(Flavius)로 바뀌었다. 이렇게 이 도시는 이름이 몇 번이나 바뀌었다. 하지만 교회는 '빌라델비아'란 이름을 고수했다. 즉 이 교회는 어떤 지역에 기반을 두었다기보다는 '형제 사랑'을 고귀한 가치로 삼는 교회였다는 사실을 알 수 있다.

이 지역은 포도주가 많이 생산되는 지역이었다. 그래서 사람들은 술을 즐기면서 술의 신 '바쿠스'를 섬겼다. 게다가 이곳은 '작은 아테네'라 불릴 정도로 우상들이 즐비했다. 이 인근에 위치했던 에베소, 서머나, 버가모, 두아디라와 환경적으로 별반 다를 바 없었다. 하지만 이 교회는 다른 교회와는 달리 하나님께 칭찬만을 받는 교회, 칭찬을 받는 정도가 아니라 더 특별한 은총을 입는 교회로 자리매김했다. 어떤 은총인가?

"보라! 내가 너를 사랑하는 줄을 알게 하리라"(계 3:9).

놀랍게도 주님께서 이 교회를 향하여 사랑을 고백했다. 한편, 부활하신 주님은 디베랴 호숫가에서 베드로에게 이렇게 물으셨다.

"그들이 조반 먹은 후에 예수께서 시몬 베드로에게 이르시되 요한의 아들 시몬아 네가 이 사람들보다 나를 더 사랑하느냐 하시니 이르되 주님 그러하나이다 내가 주님을 사랑하는 줄 주님께서 아시나이다"(요 21:15).

주님은 세 번이나 베드로의 고백을 확인하셨다. 그런데 반대로 주님이 이 빌라델비아 교회 앞에서 사랑을 고백하셨다. 그것도 '볼지어다. 보라' 하시면서 온 우주 앞에서 온 청중들로 하여금 주위를 집중하게 하신 후 이 빌라델비아 교회를 사랑한다고 고백하셨다.

최근 월스트리트저널은 호텔을 빌려서 최고 브랜드의 선물을 준비한 후 사랑을 고백하는 한국의 청혼 문화를 소개하면서 이 청혼 문화 때문에 결혼율과 출생률이 떨어진다고 말했다. 하지만 신부가 신랑에게 진정한 사랑의 고백을 받을 때 이보다 더 큰 기쁨과 행복이 어디 있겠는가? 고백하는 사람은 어떤 포즈를 취하는가? 손에는 무엇을 들고 있는가? 어떤 표정을 짓는가? 한번 상상을 해 보라! 그런데 우리 주님께서 빌라델비아 교회에 다가와 사랑을 고백하셨다. 그분이 어떤 분이신가? 하늘과 땅의 권세를 가지신 분이시다. 온 우주에 충만한 분이시다. 그런데 그분이 우리 앞에 무릎을 꿇고 사랑을 고백하신다. 이 얼마나 황송하고 꿈같은 일인가?

내가 너로 인하여 기뻐하노라 내가 너를 사랑하노라
- '아주 먼 옛날'(진경)

이 고백을 듣는 교회가 되었으면 한다. 우리 가정이, 우리 한 사람 한 사람이 주님으로부터 이 고백을 듣는 주인공들이 되었으면 한다.

작은 능력을 가지고서도

빌라델비아 교회가 어떤 교회길래 주님은 이들을 사랑한다 하셨을까?

"내가 네 행위를 아노니 네가 작은 능력을 가지고서도 내 말을 지키며 내 이름을 배반하지 아니하였도다"(계 3:8).

주님은 모든 것을 보고 계신다. 주님은 사데 교회의 행위를 보고 계셨다. 그리고 사데 교회를 향해 '살았다' 하는 이름을 가졌으나 '실상은' 죽은 자라고 선언하셨다. 주님은 라오디게아의 행위를 보고 계셨다. 그들을 향해 말씀하셨다. "차지도 않고 뜨겁지도 아니하도다." 얼마나 단호한 말씀인가? 그 주님께서 동일한 잣대로 빌라델비아 교회의 행위를 보셨다. 그리고 말씀하셨다. "작은 능력을 가지고" 이 부분을 밑줄 쳐야 한다. 주님은 바로 이 부분을 주목하셨다. 작은 능력이 뭘까? 작은 능력하면 무엇이, 어떤 사람과 사건이 떠오르는가?

"여호와께서 그에게 이르시되 네 손에 있는 것이 무엇이냐 그가 이르되 **지팡이**니이다"(출 4:2).

"블레셋 사람이 다윗에게 이르되 네가 나를 개로 여기고 **막대기를 가지고 내게 나아왔느냐**"(삼상 17:43).

"여기 한 아이가 있어 **보리떡 다섯 개와 물고기 두 마리**를 가지고 있나이다 그러나 그것이 이 많은 사람에게 얼마나 되겠사옵나이까"(요 6:9).

"각각 그 재능대로 한 사람에게는 금 다섯 달란트를, 한 사람에게는 **두 달란트**를, 한 사람에게는 한 달란트를 주고 떠났더니"(마 25:15).

'작은 능력'이란 세상눈으로 볼 때 신분, 지위, 돈, 세력, 권세 등 외적 능력이 변변치 못함을 뜻한다. 한마디로 눈에 차지 않는 것의 총칭이다. 당시 빌라델비아 교회가 그러했다. 도시도 일곱 도시 가운데 가장 작았다. 교인도 많지 않았다. 재물도 넉넉하지 못했고, 초라했고, 배우지도 못했고, 능력 있는 자도 없었다. 자랑할 것이 없었다. 빌라델비아 교회의 작은 능력은 어린아이의 '물고기 두 마리'와 '보리떡 다섯 개', 모세의 손에 쥐어진 '초라한 지팡이', 다윗이 물가에서 주운 '물맷돌', 하인에게 맡겨진 '두 달란트'와 같았다. 아무것도 이룰 수 없는, 행할 수 없는 실로 작은 능력이었다. 그런데 그 '작은 능력'을 주신 분은 하나님이시다. 하나님은 '작은 능력'을 받은 자에게 주목하신다. 그걸 어떻게 사용하는지를 눈여겨보신다. 작은 능력으로 어떻게 살아가는지, 작은 능력으로 어떤 일을 하는지 살피신다.

과부가 손에 쥐었던 엽전 한 냥은 실로 작았다.

"그들은 다 그 풍족한 중에서 넣었거니와 이 과부는 그 가난한 중에서 자기의 모든 소유 곧 생활비 전부를 넣었느니라 하시니라"(막 12:44).

열왕기상의 사렙다 과부의 집에 남아 있는 밀가루는 한 줌에 불과했다. 하지만 하나님은 그 작은 것을 어떻게 처리하는지 주목하신다.

"엘리야가 그에게 이르되…먼저 그것으로 나를 위하여 작은 떡 한 개를 만들어 내게로 가져오고 그 후에 너와 네 아들을 위하여 만들라"(왕상 17:13).

우리들은 어떠한가? 지금 내 손에 쥐고 있는 것이 무엇인가? 작은 능력인가? 보잘것없는가? 그러나 그것을 우리에게 주신 하나님은 그 작은 것을 어떻게 사용하는지 보신다.

배반, 거짓말, 인내 그리고…축복

빌라델비아 교회는 실로 작은 능력을 받았던 보잘것없는 교회였다. 하지만 그 작은 능력 때문에 주님으로부터 사랑의 고백까지 받았다. 도대체 그 작은 능력으로 어떻게 했기 때문일까?

첫째, 주님을 배반하지 않았다.

"네가 작은 능력을 가지고서도 내 말을 지키며 내 이름을 배반하지 아니하였도다"(계 3:8).

겟세마네 동산에서 기도하시던 스승이 끌려가셨다. 그 광경을 지켜보던 제자들에게 두려움이 엄습했다. 한 조그마한 계집종이 베드로를 향하여 한마디 툭 던졌다. "당신 저 예수와 함께 있었잖아." 베드로가 말했다. "아니, 아니, 난 아니야." 한번 부인하니, 그다음에는 더 세게 맹세하고, 그 뒤엔 더 세게 저주하며 부인했다(마 26:69-75). 하지만 빌라델비아 교회는 주님을 배반하지 않았다. 어려움이 없었겠는가? 모든 초대교회는 주를 믿는 믿음으로 인해 고난을 당했다.

"그때에 사람들이 너희를 환난에 넘겨주겠으며 너희를 죽이리니 너희가 내 이름 때문에 모든 민족에게 미움을 받으리라"(마 24:9).

빌라델비아 성도들은 말씀을 지키며, 주님의 이름을 배반하지 않았다. 그렇기에 주님은 이 교회를 사랑하셨다.

둘째, 거짓말을 제압했다.

"보라 사탄의 회당 곧 자칭 유대인이라 하나 그렇지 아니하고 거짓말 하는 자들 중에서 몇을 네게 주어 그들로 와서 네 발 앞에 절하게 하고 내가 너를 사랑하는 줄을 알게 하리라"(계 3:9).

말씀을 쉽게 정리해 보자. "주의하라. 사탄의 앞잡이이면서도 스스로를 유대인이라고 주장하는 자들이 있다. 그러나 사실 그들은 유대인이 아니다. 거짓말을 하고 있다. 그러므로 내가 그들이 네 발 앞에 절하게 하겠다. 내가 너를 사랑하는 줄 알게 하겠다."

이 말씀을 보면 **"사탄의 앞잡이=자칭 유대인=거짓말하는 자"**란 등식이 성립된다. 사탄은 어떤 존재인가? 거짓말쟁이요. 거짓의 아비다(요 8:44). 자칭 유대인은 어떤 자들인가? 아브라함의 자손 된 것이 곧 구원의 징표라고 주장한다. 역시 거짓말이다. 이 등식은 거짓말로 귀결된다. 이러한 자들이 '작은 능력'을 가진 빌라델비아 교회 성도들 앞에서 무릎을 꿇었다. 이 교회가 거짓말쟁이들을 제압했다. 이름 없는 평신도들이고, 처음 예수를 믿은 보잘것없는 성도들이었지만 진실하고 정직했다는 뜻이다. 다른 것은 못 해도 좋다. 한 가지, 거짓말을 제압하자. 거짓이 내 앞에 무릎 꿇게 하자.

"하나님이여 내 속에 정한 마음을 창조하시고 내 안에 정직한 영을 새롭게 하소서"(시 51:10).

셋째, 인내의 말씀을 지켰다.

"네가 나의 인내의 말씀을 지켰은즉 내가 또한 너를 지켜 시험의 때를 면하게 하리니 이는 장차 온 세상에 임하여 땅에 거하는 자들을 시험할 때라"(계 3:10).

인내의 말씀을 지켰다는 말은 참고 기다리라는 말씀을 지켰다는 말이다. 이는 주의 재림과 깊은 관련이 있다. 우리는 주님의 부활과 다시 오심을 기대하며 살아가는 자들이다. 그날을 기대하며 오늘 하루를 살아내고 또 살아내는 사람들이다. 농부가 이른 비와 늦은 비를 기다리듯이 주님을 인내하며 기다리는 자들이다.

힘들고 어려운 상황 속에서도 빌라델비아 교회는 작은 능력을 가지고, 이 세 가지에 집중했다. 첫째, '주님을 배반하지 않았다.' 둘째, '거짓말을 멀리했다.' 셋째, '인내의 말씀을 지켰다.' 그때 주님께서 칭찬하셨다. 더 나아가 온 세상 앞에서 이 교회를 사랑하신다고 고백까지 해 주셨다. 주님은 이런 빌라델비아 교회를 위해 세 가지 놀라운 축복을 허락하셨다.

첫째, 열린 문의 축복이다.

"내가 네 앞에 열린 문을 두었으되 능히 닫은 사람이 없으리라"(계 3:10).

어떤 문이 열리는가. 하늘문이다. 하늘문을 활짝 열어 놓으시겠다고 했다. 우리가 주의 말씀을 붙잡고 주의 말씀대로 살아갈 때 하늘문이 열리는 놀라운 축복이 임한다는 뜻이다.

둘째, 면류관의 축복이다.

"내가 속히 오리니 네가 가진 것을 굳게 잡아 아무도 네 면류관을 빼앗지 못하게 하라"(계 3:11).

요한계시록 4장을 보면 이십사 장로들이 자신들이 받은 면류관을 보좌 앞에 드리며 영광을 돌리는 감격적인 모습이 그려져 있다. 이 면류관을 우리에게 씌워주시는 축복을 주신다.

셋째, 성전 기둥이 되는 축복이다.

"이기는 자는 내 하나님 성전에 기둥이 되게 하리니"(계 3:12).

하나님이 우리를 요긴하게 쓰신다는 뜻이다. 보잘것없는 우리의 삶을, 자녀들을 하나님 나라의 기둥으로 요긴하게 사용하신다는 축복이다.

사랑하는 여러분!

우리가 받은 것은 사실 대단한 것이 아니다. 실로 작은 것이다. 하지만 하나님은 작은 자의 하나님이시다. 나의 작은 능력을 주목하신다. 손에 들고 있는 물고기 두 마리, 보리떡 다섯 개는 실로 작다. 손에 쥐고 있는 마른 막대기도 아무 쓸모없다. 겨우 두 달란트에는 정말 불평, 원망이 터져 나올 법 하다. 하지만 작은 능력 속에 놀라운 위력이 감추어져 있다. 그 위력을 발휘할 때 주님은 우리를 칭찬하실 것이다. 더 나아가 우리를 사랑하신다고 고백하실 것이다. 그리고 이 모든 것의 기본이 되는 것, 형제 사랑의 마음으로 나아갈 때 이런 은총을 맛보게 될 것이다.

"형제를 사랑하여(빌라델비아) 서로 우애하고 존경하기를 서로 먼저 하라"(롬 12:10).

우리 서로 "빌라델비아" 하자.

4
하늘문이 열리다
계 4:1-11

지난 주일 오후에는 여전도회 헌신예배를 드렸다. 헌금 후 회원들의 특송 순서가 있었다. 낯선 찬양이었지만, 가사가 마음을 사로잡았다. 예배를 마친 후 내 방에서 유튜브를 통해 그 곡을 찾았다. 다음 주일 설교를 구상하면서 4시부터 거의 7시가 넘도록 듣고 또 들었다.

하나님의 부르심에는 후회하심이 없네
내가 이 자리에 선 것도 주의 부르심이라
하나님의 부르심에는 결코 실수가 없네
나를 부르신 하나님의 신실하심을 믿네

작은 나를 부르신 뜻을 나는 알 수 없지만
오직 감사와 순종으로 주의 길 가리라
때론 내가 연약해져도 주님 날 도우시니

주의 놀라운 그 계획을 나는 믿으며 살리

후렴) 날 부르신 뜻 내 생각보다 크고
날 향한 계획 나의 지혜로 측량 못하나
가장 좋은 길로 가장 완전한 길로 오늘도 날 이끄심 믿네
- '하나님의 부르심' (손경민)

모두가 집으로 돌아간 조용한 시간, 이 찬양 앞에서 나도 모르게 눈물을 훔쳤다. '그렇다. 하나님의 부르심에는 후회하심이 없다.' 지금까지 걸어온 걸음을 조용히 반추하면서, 계속 가사를 읊조렸다. 하나님의 부르심에는 후회하심이 없다. 내가 이 자리에 선 것도 주의 부르심이라. 날 부르신 뜻 내 생각보다 크고 날 향한 계획 나의 지혜로 측량 못하나 가장 좋은 길로 가장 완전한 길로 오늘도 날 이끄심을 믿는다.

그러면서 요한계시록을 살펴보니 요한이 하나님을 향하여 불평하거나 원망한 흔적을 찾아볼 수 없었다. 그때 요한은 나이가 많았다. 허리는 굽었을 것이다. 대화를 나눌 상대도 없었을 것이다. 세끼 식사는 어떻게 해결했을까? 여름의 더위와 겨울의 추위를 어떻게 견뎠을까? 비바람을 피할 한 칸의 집이라도 있었을까? 요한은 내 일이 어떻게 될지 모르지만, 어떤 일이 일어날지 모르지만, 이 노랫말처럼 하나님의 신실하심을 믿으며 나아갔다.

이런 요한 앞에 갑자기 경이로운 일이 펼쳐진다. 하늘문이 열리고, 나팔소리 같은 음성이 들린다. "이리로 올라오라. 내가 이후에 일어날 일들을 네게 보이리라." 그는 그 순간 성령의 감동하심을 입는다. 그리고 바울이 셋째 하늘에 이끌림을 받았듯이 놀랍고 기이한 일을 경험한다(고후 11:2). 4장부터 요한계시록의 본론이 펼쳐진다. 동시에 상징, 비유들이 계속 나오기 시작한다. 그러므로 더욱 주의를 기울여야 한다.

절망의 때에 하늘문이 열렸다

요한은 1절에서 "하늘에 열린 문이 있었다"고 증언한다. 하늘문이 열렸다는 말이다. 성경에는 열린 하늘문을 경험한 자들이 있다. 야곱, 이사야, 에스겔 그리고 신약의 스데반 등이다. 야곱(창 28:12)은 하나님의 축복을, 이사야(사 6:5)는 하나님의 인도하심을 받았고, 에스겔은 하나님의 보호하심을 입었으며, 스데반(행 7:56)은 하나님의 영광을 보았고, 사도 요한은 하나님의 기적을 체험했다. 기적적으로 요한이 밧모섬에서 풀려났기 때문이다. 그렇다면 하늘문이 열린다는 것은 (1) 축복, (2) 인도, (3) 보호, (4) 영광, (5) 기적을 체험한다는 뜻이 아닐까? 당시 이들이 어떤 상황에 처해 있었는가?

(1) 야곱은 어떤 상황에 처해 있는가?

"야곱이 브엘세바에서 떠나 하란으로 향하여 가더니 한 곳에 이르러는 해가 진지라 거기서 유숙하려고 그 곳의 한 돌을 가져다가 베개로 삼고 거기 누워 자더니"(창 28:10-11).

야곱은 형에게 미움을 받아 도망쳐야 하는 상황이었다. 야곱은 제대로 된 잠자리조차 없이 한 돌을 가져다가 베개로 삼고 잠을 잤다.

(2) 이사야는 어떤 상황에 처해 있는가?

"웃시야 왕이 죽던 해에"(사 6:1).

웃시야는 16세에 즉위하여 52년간 남유다를 통치하면서 국위를 크게 선양시킨, 황금기를 구가한 왕이다. 대단한 왕이었다. 그런데 그 웃시야 왕이 죽었다. 온 나라 백성들이 얼마나 낙담하며 슬픔에 젖었겠는가? 이사야도 그런 절망적인 상황에 처해 있었다.

(3) 에스겔은 어떤 상황에 처해 있는가?

"서른째 해 넷째 달 초닷새에 내가 그발 강가 사로잡힌 자 중에 있을 때에 하늘이 열리며 하나님의 모습이 내게 보이니 여호야긴 왕이 사로잡힌 지 오 년 그달 초닷새라"(겔 1:1-2).

유대 나라가 바벨론에 의해 함락되자 바벨론의 느브갓네살 왕은 유대의 젊은이들을 포로로 끌고 갔다. 그중에 일부는 바벨론의 수도 바빌로니아로 끌려갔다. 그들이 바로 다니엘과 그의 친구들이다. 느헤미야, 스룹바벨, 예수아, 에스더 등도 있었다. 그리고 일부는 저 위쪽 님플(Nimple)이라는 황무지로 끌려갔다. 그들은 왜 척박한 그곳으로 끌려갔을까? 느브갓네살 왕은 거대한 프로젝트를 추진하고 있었다. 하나는 두라 프로젝트였다. 두라 평지에 엄청나게 거대한 금 신상을 만들어 세우는 프로젝트다(단 3:1). 또 하나는 그발 프로젝트였다. 유브라데강과 티그리스강의 물길을 이어 대운하를 만들겠다는 야심찬 계획이다. 인력이 절대적으로 필요했다. 그래서 포로가 된 유대의 젊은이들을 그곳으로 끌고 갔다. 님플에 끌려갔던 포로 중에 하나가 누구였는가? 에스겔이었다. 다른 친구들은 운 좋게 바벨론의 수도 바빌로니아로 끌려가 출세도 했다. 하지만 에스겔은 그발 프로젝트에 투입됐다. 그때 에스겔은 25살이었다. 황량한 벌판, 도망치려야 칠 수도 없는 허허벌판에 투입됐다. 모든 꿈, 희망을 다 버려야 했다. 포로였기에 그 어떤 것도 할 수 없었다(시 137:1). 그래서 '사로잡혔다'라는 말을 반복했다.

(4) 스데반은 어떤 상황에 처해 있는가?

"그들이 이 말을 듣고 마음에 찔려 그를 향하여 이를 갈거늘"(행 7:54).

원수들에게 사방으로 둘러싸였다. 이를 가는 정도가 아니었다. 저들은 손에 돌을 들고 스데반을 향하여 던지려 했다.

(5) 오늘의 주인공 사도 요한은 어떤 상황에 처해 있는가?

"이 일 후에"(계 4:1).

요한계시록 4장 1절은 '이 일 후에'로 시작한다. 이는 문장의 앞부분을 살펴보라는 말이다. 문장의 앞부분, 즉 요한계시록 1-3장에서 어떤 일이 있는가? 사도 요한은 밧모섬에 정배되었다(계 1:9). 감옥과 같은 쓸쓸한 곳에 갇혔다. 당시 교회는 어떠했는가? 로마 황제 특히 도미니티안 황제의 박해가 극에 달하여 기독교 역사상 전대미문의 핍박이 가해졌다. 기독교인들은 불태워 죽임을 당했다. 사자 밥으로 던져졌다. 십자가 형틀에 매달렸다. 그러니까 '이 일 후에'는 요한이 유배되었던 때, 초대교회가 말로 형언할 수 없는 박해를 받던 바로 그때를 뜻한다. 그런 일이 일어난 후에, 아니 더 정확히는 그런 일을 당하고 있을 때라는 뜻이다.

야곱, 이사야, 에스겔, 스데반, 그리고 사도 요한의 공통점이 뭔가? 다섯 명 모두 자신의 힘으로 어찌할 수 없는 상황에 놓였을 때, 막막하고 답답할 때, 앞이 캄캄할 때, 그 어떤 희망조차도 없는 때를 겪고 있었다. 그런데 그때 하늘문이 열렸다. 축복, 인도, 보호, 영광, 기적이 나타났다.

해야 할 일이 있다

지금 여러분은 어떤 상황에 놓였는가? 어떤 환경에 던져졌는가? 야곱, 이사야, 에스겔, 스데반, 사도 요한과 같은 처지에 놓였는가? 그렇다면 하늘문이 열릴 것이다. 하나님이 '드르륵' 하고 하늘문을 열어젖히실 것이다. 그리고 하나님의 축복, 인도, 보호, 영광, 기적을 체험하게 될 것이다. 이 사실을 믿는가? 이 사실을 정녕 믿는다면, 그 믿음을 행동으로 보여줘야 한다. 믿음이 있노라 하고 행함이 없으면 그 믿음은 죽은 믿음이기 때문이다. 내가 이런 믿음을 가지고 있다는 것을 보여줘야 한다. 내가 해야 할 일이 있다는 뜻이다. 그렇다면 내가 해야 할 일은 무엇인가?

첫째, 사도 요한은 '내가 보니'라고 했다(계 4:1).

요한은 지금 칠흑 같은 캄캄함 속에서 하늘을 보고 있다. 하늘, 위를 보고 있다는 뜻이다. 하늘, 멀리 보고 있다는 뜻이다. 하늘, 높은 곳을 보고 있다는 뜻이다. 하늘, 관점을 먼 곳에 두었다는 뜻이다. 이게 내가 해야 할 일이다. 절망적인 상황, 캄캄한 상황이 내 앞에 펼쳐진다 할지라도 위를 보는 자에게, 멀리 보는 자에게, 높이 보는 자에게, 관점을 먼 곳에 두는 자에게 하늘문이 열린다. 지금은 이해할 수 없다. 도무지 받아들일 수 없다. '왜 이런 일이 일어나는가?', '왜 이런 일을 당해야 하는가?', 아무리 이해하려고 해도, 받아들이려 해도 받아들여지지 않는다. 그때 우리는 위를 봐야 한다. 높이 봐야 한다. 멀리 봐야 한다. 이게 우리가 해야 할 일이다. 하나님은 지금 내가 어디를 보는지, 무엇을 보는지를 주목하신다(렘 1:11-12).

마가복음 2장을 보면 네 사람이 중풍병자인 친구를 데리고 예수님 앞으로 나아가려 했다. 그러나 사람들에게 막혀서 예수님 앞으로 나아갈 수가 없었다. 그때 그들이 어떻게 하는가? 그들의 시선이 어디를 향했는가? 하늘을 향했다. 그때 뻥 뚫린 고속도로가 열리지 않았는가?(막 2:3). '보는 것'이 내가 해야 할 첫 번째 일이다.

둘째, 사도 요한은 '내가 들은 바'라고 했다(계 4:1).

요한은 음성을 들었다. '내가 들은 바', '그 음성이 이르되' 그는 계속 들었다. 나팔소리 같은 음성을 똑똑히 들었다. 바로 앞부분 일곱 교회에 보이신 주님의 모습은 다 달랐다. 에베소, 서머나, 버가모, 두아디라, 사데, 빌라델비아, 라오디게아에게 보이신 모습은 다 다른 모습이었다. 그런데 이 모든 교회를 향한 권면은 똑같았다. 그게 무엇이었는가?

"귀 있는 자는 성령이 교회들에게 하시는 말씀을 들을지어다"(계 2:7).
"귀 있는 자는 성령이 교회들에게 하시는 말씀을 들을지어다"(계 3:22).

스데반을 돌로 쳐 죽이던 사람들은 '귀를 막고' 돌을 던졌다. 말세가 되면 사람들의 귀가 어두워진다고 했다.

"때가 이르리니 사람이 바른 교훈을 받지 아니하며 귀가 가려워서 자기의 사욕을 따를 스승을 많이 두고"(딤후 4:3).

듣지 못하면 감각이 둔해진다. 반응을 못 한다. 도둑이 들어와도, 옆에 칼이 들어와도, 우박이 쏟아져도 대처하지 못한다. 제일 안타까운 것은 하나님의 말씀을 듣지 못하는 것이다. 들리지 않는 것이다. 하나님은 오늘도 끊임없이 당신의 음성을 들려주신다. 말씀, 성경, 설교, 사람, 성령, 어떤 사건, 갖가지의 방법으로 음성을 들려주신다. 그래서 다윗은 노래한다.

"하늘이 하나님의 영광을 선포하고 궁창이 그의 손으로 하신 일을 나타내는도다 날은 날에게 말하고 밤은 밤에게 지식을 전하니 언어도 없고 말씀도 없으며 들리는 소리도 없으나 그의 소리가 온 땅에 통하고 그의 말씀이 세상 끝까지 이르도다"(시 19:1-4).

이 음성을 듣고, 반응할 수 있어야 한다. 이게 두 번째 해야 할 일이다.

셋째, 사도 요한은 '올라갔다'(계 4:1).

그는 보좌에 계신 주님께로 가까이 올라갔다. '이리로 올라오라'는 말씀에 순종했다. 썩어질 땅에만 머물거나 집착하지 말고, 하늘로, 주님께로 가까이 나아오라는 말씀을 따랐다. 주님은 오늘도 우리를 부르신다. 올라오라고 초청하신다. "이 혼란스럽고 절망적인 땅에 머리를 처박지 말고 올라오라. 이리로 올라오라"고 주님이 우리를 부르신다. 이 땅에서 내가 풀어야 할 실타래, 극복해야 할 미로는 죽는 순간까지 풀 수 없다. 극복할 수 없다. 그저 돌아가야 한다. 탕자가 아버지 집을 향하여 몸을 돌이켰듯이, 아브라함이 몸을 돌이켰듯이 몸을 돌이키면 그곳에 주님이 계신다(창 22:13).

믿음을 보이기 위해 이 세 가지를 내가 해야 한다. 절망적인 상황에서 요한은 '시선을 위로 향했다', '주님의 음성을 들었다' 그리고 '주님께 가까이 나아갔다.' 그때 하늘문이 열리는 놀라운 역사가 일어났다. (1) **축복**, (2) **인도**, (3) **보호**, (4) **영광**, (5) **기적**까지 체험하는 놀라운 은혜를 입었다.

'줄탁동시'라는 말을 아는가? 벽암록에 나오는 이 사자성어는 병아리가 달걀 안에서 '쪽쪽' 빠는 소리를 내면, 귀를 기울이고 있던 어미닭이 '탁'하고 껍질을 깨트린다는 뜻이다. 이는 거의 동시에 일어난다. 우리는 '줄'해야 한다. 그러면 하나님이 '탁'하신다. 캄캄한 어둠이 사라지고 하늘의 영광스러운 세계가 열린다. 축복, 인도, 보호, 영광, 기적이 필요한 자들에게 그 일들이 일어난다.

그리고 예배하라

더 중요한 것이 있다. 사도 요한이 열린 하늘문을 통하여 무엇을 보았던가? 벽옥(계 4:3), 홍보석(계 4:3), 녹보석 같은 보좌(계 4:3), 무지개(계 4:3), 일곱 등불(계 4:5), 수정과 같은 유리 바다(계 4:6), 그리고 네 생물(계 4:7)과 금 면류관을 쓴 이십사 장로였다(계 4:4). 이중에서 '네 생물'과 '이십사 장로'만 집중해 보자.

첫째, '네 생물들'이다(계 4:6).

이들은 보좌를 에워쌌다. 사자, 송아지, 사람 그리고 날아가는 독수리와 같았다. 눈들이 가득했고 각각 여섯 개의 날개를 가진 공통점이 있었다. 이 생물들은 과연 무엇일까? 교부 이레니우스(Irenaeus, Born AD 130경)는 이 네 생물이 하나님이 인간과 세운 네 개의 기본적인 언약을 뜻한다고 보았다. **마태복음=사람, 마가복음=독수리, 누가복음=소, 요한복음=사자**를 뜻한다고 보았다. 하지만 우리는 네 생물의 원천을 에스겔서에서 발견할 수 있다. 이들은 궁창을 떠받쳤다(겔 1:6, 10, 22, 26). 그리고 그들의 여섯 날개는 이사야 6장에서 발견된다(사 6:2). 그러므로 이 네 생물은 그룹, 즉 천사 같은 존재다. 이들은 하나님 가까이에 있으면서 하나님의 보좌를 지키며, 하나님의 명령을 수행하는 하나님의 최측근 근위 대장들이다.

둘째, '이십사 장로'다(계 4:4;10).

이들은 흰옷을 입고, 머리에 금관을 쓰고, 24개의 보좌에 마치 만조백관처럼 앉아 있다. 이들은 누구일까? 여러 견해가 있다. 어떤 이는 폴리갑, 안디바와 같은 순교자를 뜻한다고 본다. 또 어떤 이는 역대상 24장 3-18절까지 등장하는 24명의 제사장을 뜻한다고 본다. 또 다른 이는 구약의 12지파와 신약의 12사도를 합한 것이라고 본다. 하지만 가장 적절한 해석은 하나님의 충성스런 백성을 대표하는 자들이라는 해석이다. 왜냐하면 이들은 주님께서 충성된 자들에게 주시겠다고 하신 흰옷(계 3:4)을 입었고, 죽도록 충성한 자들이 받을 면류관을 받아 썼기 때문이다(계 3:4).

중요한 것은 '이들이 뭘 하고 있었는가'이다. 먼저 네 생물은 뭘 하고 있는가? 살아 계시는 이에게 영광과 존귀와 감사를 돌렸다.

"거룩하다 거룩하다 거룩하다 주 하나님 곧 전능하신 이여 전에도 계셨고 이제도 계시고 장차 오실이시라 그 생물들이 보좌에 앉으사 세세토록 살아 계시는 이에게 영광과 존귀와 감사를 돌릴 때에"(계 4:8-9).

그리고 이십사 장로들은 뭘 하고 있는가? 이들은 자기 자리에서 일어나 보좌에 앉으신 이 앞에 엎드려 자기들이 쓰고 있던 금 면류관을 벗어서 보좌 앞에 드리며 보좌를 향하여 노래했다.

"우리 주 하나님이여 영광과 존귀와 권능을 받으시는 것이 합당하오니 주께서 만물을 지으신지라 만물이 주의 뜻대로 있었고 또 지으심을 받았나이다 하더라"(계 4:11).

결국 이들이 뭘 하고 있는가? 보좌에 앉으신 분을 높이며, 찬양하고 경배하고 있다. 받은 면류관까지 다시 벗어서 보좌 앞에 던지며 그분을 높이고 있다. 천상 예배의 장면이다. 밤낮 쉬지 않고 보좌에 앉으신 그분을 높인다. 요한계시록 4장의 예배가 무려 요한계시록 19장까지 이어진다.

"또 이십사 장로와 네 생물이 엎드려 보좌에 앉으신 하나님께 경배하여 이르되 아멘 할렐루야 하니"(계 19:4).

하늘문이 열리면서 요한이 본 장면이 바로 이 장면이다. 이는 하나님이 진정 원하시는 것이 무엇이며, 어떤 자에게 하늘문이 열리는지 보여준다.

하늘문이 열리기를 원하는가? 그렇다면 하나님이 정말 계심을 믿고, 그분이 찬양과 경배를 받으시기에 합당하신 분이심을 믿어라. 하나님 앞에 있는 네 생물처럼, 그리고 이십사 장로처럼 영광과 찬송을 올려라. 찬양받기에 합당하신 그분께 신령과 진정으로 예배하라. 그리하면 네 앞에도 하늘문이 열리리라. 지금 어떤 상황에 놓여 있는가? 하늘문이 열리기를 원하는가? 참된 예배자가 돼라. 온 맘으로 예배하라. 그분을 높이며 경배하라.

하나님을 예배했던 한 소년의 이야기가 있다. 프랑스의 한 소년은 고아로 자라 서커스단에 소속돼 곡예를 하면서 살았다. 그는 크리스천이었다. 하지만 공연이 늘 주일에 있었기에 예배를 드리지 못하고 서커스를 해야만 했다. "오늘은 주일인데…" 거의 저녁이 돼서야 서커스 공연이 끝났다. 소년은 피곤했지만, 가까운 교회를 찾았다. 사람들이 예배를 드리고 집으로 돌아간 뒤였다. 소년은 살며시 교회의 본당 문을 열고 들어갔다. 그때 교회를 관리하는 사람이 소년을 발견했다. '도둑인가?' 하고 소년을 뒤따라갔다. 그리고 소년이 도대체 무엇을 하려고 들어왔는지 살폈다. 소년은 본당 앞좌석까지 나아가 조용히 이렇게 기도했다. "예수님, 저는 오늘 주일을 지키지 못했습니다. 그래서 지금 왔습니다. 가진 것도 없기에 헌금을 드릴 수도 없습니다. 그래서 저의 재주를 주님 앞에 드립니다. 잘 봐 주십시오." 그리고는 강대상 앞에서 자기가 할 수 있는 모든 재주를 다 펼쳤다. 온 힘을 다해, 땀을 뻘뻘 흘리며 묘기를 부렸다. 바로 그 때였다. 어둑해진 강대상 옆의 십자가상이 움직였다. 그리고 십자가 위의 주님이 내려와 소년의 이마에 흐르는 땀을 닦아 주고 소년을 일으켜 세워 주는 것이 아닌가.

하늘문이 열리면 삶이 열린다

메시아를 작곡했던 헨델(George Frideric Handel, 1685-1759)이 60세를 바라보고 있을 때였다. 그는 뇌출혈로 반신불수가 되었다. 당뇨로 시력도 거의 다 잃었다. 음악계에서도 퇴출됐다. 독일에서 영국으로 건너왔으나 되는 게 없었다. 생활력이 전혀 없는 버려진 막대기 같았다. 그런데 누군가가 그에게 오라트리오 작곡을 의뢰했다. 그는 가사를 읽는 순간 하늘이 열리는 놀라운 경험을 했다. 가사는 바로 요한계시록 4장이었다. 그는 식음을 전폐하며 작곡에 매달렸다. 연주 시간만 2시간에 가까운 메시아를 불과 24일 만에 완성했다. 기적이었다. 초연부터 대성황이었다. 죠지 2세는 "할렐루야" 연주 앞에서 자기도 모르게 벌떡 일어섰다. 그렇게 헨델의 메시아는 오늘까지 최고의 오라트리오로 남게 됐다. 누군가 헨델에게 물었다. "당신은 어떻게 하여 그 장엄한 음악인 메시아를 작곡하게 되었소." 헨델

이 대답했다. "나는 하늘이 열리고 하나님이 크고 흰 보좌에 앉아계신 것을 보았소."

사랑하는 여러분!

지금 어떤 상황에 놓였는가? 야곱, 이사야, 에스겔, 스데반, 사도 요한과 같은 절망적인 상황에 놓여 있는가? 캄캄한가? 앞뒤가 꽉 막혔는가? 하늘문이 열리기를 원하는가? 위를 보라. 음성을 들으라. 몸을 돌이키라. 무엇보다 예배를 소중하게 생각하라. 네 생물처럼 하나님을 경배하라. 이십사 장로처럼 면류관을 벗어 드리며 하나님을 높이라. 그리하면 '줄탁동시', 하늘문이 열린다. (1) **축복**, (2) **인도**, (3) **보호**, (4) **영광**, (5) **기적**을 체험하기 원하는가? 예배에 생명을 걸어라. 이 땅에서 네 생물이 돼라. 이 자리에서 이십사 장로가 돼라. 그런 자 앞에 하늘문이 열리는 놀라운 역사가 일어날 줄 확신한다.

5
새 노래로 노래하는가?
계 5:7-14

얼마 전 미국 동부 샬럿(Charlotte)에 위치한 유니온 신학교를 다녀왔다. 그곳에서 집중 강의를 요청해 왔기 때문이다. 직항로가 없는 꽤 먼 곳이었다. 시차도 컸다. 그곳에는 교민이 4,000여 명, 교회는 30여 개 정도가 있다고 한다. 제일 큰 교회에 300여 명, 나머지는 2-30여 명이 모였다. 하지만 더 이상 교회를 운영할 수 없어서 합병을 하고 있었다. 그곳에 있는 유니온 신학교와 고든 콘웰(Cordon-Conwell) 샬럿 캠퍼스도 신학생이 상상한 것 이상으로 적었다. 코로나 이후 미국 교회나 신학교가 전반적으로 하향곡선을 그리고 있는 것을 피부로 절감할 수 있었다.

샬럿에 있는 이들이 자랑하는 인물 셋이 있다. 농구 황제 마이클 조던(Michael J. Jordan)과 전설적인 골프 천재 아놀드 파머(Arnold D. Palmer) 그리고 전도자 빌리 그레이엄(Billy Graham) 목사다. 그중에서 빌리 그레이엄 목사를 제일 으뜸으로 꼽았다. 도로를 'Billy Graham Street'라고 이름 붙이며, 빌리 그레이엄 기념관(이들은 기념관을 라이브러리, Library로 불렀다)을 건립하기까지 했다. 미국에는 역대 대통령 기념관이 15개 정도 있는데, 그 기념관들 중에서 빌리 그레이엄 기념관을 방문하는 방문객이 월등히 많다고 한다. 그래서 시간을 내어 그 기념관을 둘러보았다. 깔끔한 복장을 한 연세 지긋하신 분들이 안내하고 있다. 그곳엔 50여 명, 그리고 전체 250여 명이 자원봉사를 하고 있었다. 그들의 모습이 그렇게 밝고 화사할 수 없다. 노후에 하는 봉사를 큰 기쁨으로 여기는 듯했다. 제일 먼저 빌리 그레이엄 생가가 눈에 들어왔다. 그다음 십자가 모양의 기념관에 들어섰다. 그분의 일대기가 잘 정리돼 있었다. 북한의 김일성을 비롯한 세계의 정상들, 특히 미국의 역대 대통령들의 모습 속에서 그가 얼마나 많은 사람에게 복음을 전했는지 넉넉히 짐작할 수 있었다. 그러나 그중에서 나의 특별한 관심을 샀던 건 무덤이었다. 『세상은 묘지 위에 세워져 있다』(바다출판사, 2019)라는 책 때문이었다. 저자는 책에서 이렇게 말했다.

"당신이 언젠가 벼르고 별러 찾아갔던 곳, 아니 앞으로 꼭 찾겠다며 버킷리스트에 올려놓은 여행지에도 묘지 목록이 빼곡하지 않은가? 인도의 타지마할, 이집트의 피라미드, 중국의 진시황릉, 로마의 판테온, 파리의 팡테옹, 영국의 웨스트민스터, 심지어 모스크바의 붉은 광장, 다 공동묘지가 아니던가? 온 세계 유명 박물관의 전시물 중 대부분이 실은 무덤에서 출토된 부장품들이지 않던가?"

그 책을 읽은 이후 나는 한경직, 옥한흠, 그리고 나의 무덤(?)을 찾곤 했다. 이 빌리 그레이엄의 무덤은 어떠할까? 안내하는 분에게 무덤으로 안내해 달라고 요청했다. 무덤은 외진 귀퉁이에 있었다. 예상이 빗나갔다. 초라하기 그지없었다. 비석조차 없었다. 평평한 돌판 위에 그와 그의 아내 이름이 새겨져 있을 뿐이었다.

빌리 그레이엄의 무덤에 앉아서 인요한 어머니의 부름을 접했다. 인요한 박사(John Linton)는 연세대학교 가정의학과 교수, 세브란스 병원 소장, 북한의 앰뷸런스 도입, 결핵 퇴치에 앞장선 인물이다. 그는 특별귀화 제1호로서 『내 고향은 전라도, 내 영혼은 한국인』이란 책까지 썼다.

그의 집안은 4대째 한국 선교를 이어오고 있다. 학교와 병원을 설립한 유진벨(Eugene Bell)이 제1대, 만세시위를 주도한 윌리엄 린튼(William Alderman Linton)이 제2대다. 그는 조지아 공대를 수석으로 졸업한 후, 21살의 나이에 전라도 목포에 파송되어 무려 48년간 의료, 교육 선교 활동에 전념했다. 제3대가 휴 린튼(Hugh M. Linton)이다. 인천상륙작전에도 참여한 그는 안타깝게도 순천에서 음주운전 버스와 충돌하여 세상을 떠났다. 하지만 홀로 남은 로이스 베티(Lois Blizabeth Flowers Linton)는 아들 인요한과 함께 결핵 재활원에서 꾸준히 봉사했다. 특히 이 가문은 호남지역에 600여 개 이상의 교회를 세운 호남 선교의 선구자 집안이다. 그러던 그녀가 선교사를 은퇴한 후 샬럿의 '블랙 마운틴'에서 노후를 보내다가 96세를 일기로 하나님의 부름을 받았다. 묘했다. 이들은 한결같이 믿음의 경주를 잘 완주했다. 그들은 의의 면류관을 쓰고 하나님의 보좌 앞에 서 있을 것이다. 전혀 새로운 세계에 진입해 있을 것이다. 전에 경험하지 못했던 놀라운 일을 맛보며, 새 일을 하고 있을 것이다. 과연 그곳에서 뭘 하고 있을까? 샬럿의 푸른 하늘을 쳐다보며 이런 상념에 잠겼다.

새 노래를 부르는 자

요한계시록의 중요한 특징 중 하나는 온통 새로운 것에 대한 기록으로 가득 차 있다는 점이다. 요한계시록에는 '새 이름'이 있다(계 2:17; 3:12), '새 예루살렘'이 있다(계 3:12; 21:2). '새 노래'가 있다(계 5:9; 14:3). '새 하늘'과 '새 땅'이 있으며(계 21:1), '새 언약'이 있다(계 21:5). 여기서 눈여겨볼 것은 '새롭다'는 단어다. '새롭다'라는 단어는 헬라어로 '네오스'와 '카이노스'가 있다. 네오스는 시간상으로 새로운 것을 의미한다.

"이미 있던 것이 후에 다시 있겠고 이미 한 일을 후에 다시 할지라 해 아래에는 새 것이 없나니"(전 1:9).

반면에 카이노스는 질적으로 완전히 새로운 것, 전에 존재하지 않았던 새로운 것, 특별한 것을 뜻한다. 이 카이노스는 주님만이 하실 수 있다.

"보좌에 앉으신 이가 이르시되 보라 내가 만물을 새롭게 하노라"(계 21:5).

어린양이신 그분은 바로 이 카이노스, 새 기쁨, 새 감동, 새 힘, 새 평화를 맛보게 하신다. 부름을 받은 그들은 그곳에서 뭘 할까?

"그들이 새 노래를 불러 이르되 두루마리를 가지시고 그 인봉을 떼기에 합당하시도다"(계 5:9).
"그들이 보좌 앞과 네 생물과 장로들 앞에서 새 노래를 부르니"(계 14:3).

노래를 부른다. 이들이 부르는 노래를 카이노스, 새 노래라고 명명한다. 구원받은 그들이 새 노래를 부른다. 이 말의 뜻은 그가 구원받은 자인지 여부를 판별하는 잣대가 '새 노래'라는 뜻이다. 새 노래를 부른다면 구원받은 사람, 새 노래를 부르지 못한다면 구원받지 못한 사람이다. 하나님은 심판대 앞에서 우리에게 말씀하실 것이다. "너, 새 노래 한번 불러보렴." 이때 새 노래를 부를 수 있어야 한다. 나는 과연 새 노래를 부르는 자인가? 그전에 새 노래란 구체적으로 무엇일까?

봉해진 두루마리의 주인

사도 요한은 "이리로 올라오라"는 음성과 함께 하늘로 들림을 받았다(계 4:1). 그가 본 하늘 세계는 어떤 곳이었나?

"모든 눈물을 그 눈에서 닦아 주시니 다시는 사망이 없고 애통하는 것이나 곡하는 것이나 아픈 것이 다시 있지 아니하리니 처음 것들이 다 지나갔음이러라"(계 21:4).

한 마디로 그곳은 눈물이 없는 곳이었다. 그런데 사도 요한이 그곳에서 울고 있다. 그것도 크게 울고 있었다(계 5:4). 이유가 무엇인가? 첫째는 주님을 뵐 수 없었기 때문이요, 일곱 인을 능히 뗄 자가 없었기 때문이다. 그런데 다시 보니 그곳에 어린양이신 주님이 계셨다. 그뿐만 아니라 어린양 되신 바로 그분이 단단히 봉해져 있는 일곱 인을 떼시는 것이 아닌가(계 5:5). 봉한 두루마리가 활짝 열어젖혀졌다. 무엇이 기록됐을까?

이제 본격적으로 요한계시록의 깊은 곳으로 나아간다. 6장부터 봉해진 인이 펼쳐진다. 이를 성경은 '인을 떼신다'고 표현한다. 앞으로 세세토록 감춰져 있던 비밀 상자가 열릴 것이다. 집중하자. 성경은 언제나 짝이 있다.

"너희는 여호와의 책에서 찾아 읽어보라 이것들 가운데서 빠진 것이 하나도 없고 제 짝이 없는 것이 없으리니"(사 34:16).

그리고 요한계시록은 에스겔서, 다니엘서와 짝을 이룬다. 왜냐하면 요한계시록의 봉해진 두루마리가 이 두 성경에 등장하기 때문이다. 에스겔서를 보자.

"내가 보니 보라 한 손이 나를 향하여 펴지고 보라 그 안에 두루마리 책이 있더라 그가 그것을 내 앞에 펴시니 그 안팎에 글이 있는데 그 위에 애가와 애곡과 재앙의 말이 기록되었더라"(겔 2:9-10).

두루마리에 애가와 애곡과 재앙의 말, 즉 심판에 관한 예언이 빼곡히 적혔다. 이번에는 다니엘서를 펼쳐보자.

"그가 내가 선 곳으로 나왔는데 그가 나올 때에 내가 두려워서 얼굴을 땅에 대고 엎드리매 그가 내게 이르되 인자야 깨달아 알라 이 환상은 정한 때 끝에 관한 것이니라"(단 8:17).
"이르되 진노하시는 때가 마친 후에 될 일을 내가 네게 알게 하리니 이 환상은 정한 때 끝에 관한 것임이라"(단 8:19).
"다니엘아 마지막 때까지 이 말을 간수하고 이 글을 봉함하라"(단 12:4).
"그가 이르되 다니엘아 갈지어다 이 말은 마지막 때까지 간수하고 봉함할 것임이니라"(단 12:9).

다니엘서는 '마지막 때까지' 그리고 '이 말을 간수하고 봉함하라'는 말을 강조한다. 애가와 애곡과 재앙에 대한 예언의 말씀을 마지막 때까지 잘 간수하고 봉함하라고 한다. 이유가 뭘까? 만일 그것이 원수 대적 마귀의 손아귀에 들어간다면, 대적 마귀에 의해 펼쳐진다면, 어떻게 되겠는가?

우리가 설마하는 사이에 북한이 핵보유국이 됐다. 이제 우리가 북한을 두려워한다. 이번에 샬럿에서 교민들을 만났는데, 교민들이 우리보다 더 두려워하며 걱정하고 있었다. 어떻게 사느냐? 밤에 잠은 자느냐? 마찬가지다. 애가, 애곡, 재앙이 마귀의 손에 넘어가서는 안 된다. 마지막 때까지 잘 간수하고 봉함해야 한다. 그런데 다행히 누가 그 두루마리를 취하시는가?

"그 어린양이 나아와서 보좌에 앉으신 이의 오른손에서 두루마리를 취하시니라"(계 5:7).

어린양, 예수 그리스도께서 그 두루마리를 취하셨다. 두루마리가 그분의 장중에 쥐어졌다. 요한은 안심했다. 어린양 예수님이 우리의 허물과 죄를 다 담당하시고 십자가에 못 박혀 돌아가셨기에, 우리를 구원하시기 위해 대신 죄의 값을 치르셨기에, 우리는 안심할 수 있다. 나아가 나의 종말도, 세상의 종말도, 하늘의 심판도 다 그분의 장중에 있으니 더 이상 걱정할 필요가 없다. 모든 주권이 그분의 손아귀에 있으니 얼마나 다행스러운 일인가! 이제 개인의 종말, 우주의 종말이 그분의 주권 가운데 진행될 것이다. 그렇다면 오늘 우리가 해야 할 것이 무엇인가? 새 노래다(계 5:9). 이단들은 '새 노래'에서 손톱을 드러낸다. 이것으로 믿는 자들을 미혹한다. 저들은 요한계시록 15장 3절을 근거로 새 노래는 새 말씀이라고 가르친다.

"하나님의 종 모세의 노래, 어린양의 노래를 불러 이르되"(계 15:3).

이단들에게 '모세의 노래'는 모세의 율법, 즉 구약의 말씀을 뜻하며 '어린양의 노래'는 예수님의 말씀, 즉 신약을 뜻한다. 이들에게 새 노래는 찬송이 아니다. 말씀이다. 새 말씀이다. 쉽게 말하면 노래는 예언이요, 새 노래는 예언대로 이루어진 실상이다. 누가 이 노래를 부른다고 하는가? 배운 자만이 부를 수 있다고 한다. 그러면서 요한계시록 14장 3절을 들이댄다.

> "보좌 앞과 네 생물과 장로들 앞에서 새 노래를 부르니 땅에서 속량함을 받은 십사만 사천 밖에는 능히 이 노래를 배울 자가 없더라"(계 14:3).

그들에게 '십사만 사천 명'은 신천지에 가입한 자들이다. 이들은 이만희를 통하여 새 노래, 즉 요한계시록의 말씀을 배운다. 이들만이 새 노래를 부를 수 있다고 한다. 그 숫자가 십사만 사천 명이다. 그런데 지금은 십사만 사천 명을 초과했다. 나머지는 어떻게 된다는 것일까? 이 부분에 대해서 명쾌한 설명을 내놓지 못하고 있다. 그러므로 이들의 가르침은 잘못됐다.

진정한 새 노래

그렇다면 우리는 3절의 '새 노래'를 뭐라고 보아야 하는가?

첫째, 성도들의 '향기로운 기도'가 새 노래다. 어린양 되신 그분이 두루마리를 취했을 때, 어떤 일이 벌어졌는가?

"그 두루마리를 취하시매 네 생물과 이십사 장로들이 그 어린양 앞에 엎드려 각각 거문고와 향이 가득한 금 대접을 가졌으니 이 향은 성도의 기도들이라"(계 5:8).

그러므로 새 노래란 하나님이 기쁘게 받으시는 '향기로운 기도'다.

둘째, 그분만을 '높이는 경배'가 새 노래다. 9-10절을 보자.

"그들이 새 노래를 불러 이르되 두루마리를 가지시고 그 인봉을 떼기에 합당하시도다 일찍이 죽임을 당하사 각 족속과 방언과 백성과 나라 가운데에서 사람들을 피로 사서 하나님께 드리시고 그들로 우리 하나님 앞에서 나라와 제사장들을 삼으셨으니 그들이 땅에서 왕 노릇 하리로다 하더라"(계 5:9-10).

그들이 누군가? 8절에 나오는 '네 생물과 이십사 장로'다. 그들이 새 노래를 부른다. 어떤 노래를 부르고 있는가? 그들은 그분만을 높이는 경배를 올리고 있다. 이 경배가 곧 새 노래다. 11절에는 천천만만의 천사가 등장한다. 이들은 뭘 하는가?

"큰 음성으로 이르되 죽임을 당하신 어린양은 능력과 부와 지혜와 힘과 존귀와 영광과 찬송을 받으시기에 합당하도다 하더라"(계 5:12).

천천만만의 천사도 그분만을 높이며 경배한다. 이게 새 노래다. 여기서 그치지 않는다. 13절에는 모든 피조물이 등장한다. 하늘 위와 땅 위와 땅 아래와 바다 위에 존재하는 모든 피조물이다. 이들은 뭘 하는가?

"보좌에 앉으신 이와 어린양에게 찬송과 존귀와 영광과 권능을 세세토록 돌릴지어다"(계 5:13).

성부, 성자께 경배를 올린다. 경배, 그분만을 높이는 경배가 새 노래다.

셋째, 그곳을 '그리워하는 찬양'이 새 노래다.

요한계시록 5장은 '내가 보매'(계 5:1), '또 보매'(계 5:2), '내가 또 보니'(계 5:6), '내가 보고 들으매'(계 5:11), '내가 또 들으니'(계 5:13)라는 말씀으로 계속 이어진다. 하늘을 사모하고, 그리워하는 사도 요한의 간절함이 곳곳에 배여 있음을 알 수 있다.

사랑하는 여러분!

'향기로운 기도', '그분만을 높이는 경배' 그리고 '그곳을 그리워하는 찬양.' 이 세 가지가 새 노래다. 하나님이 받으시기에 합당한 기도, 경배, 찬양이 새 노래다. 나는 새 노래를 부르고 있는가?

'향기로운 기도'가 새 노래가 돼 올라가고 있는가?
'그분만을 높이는 경배'가 새 노래가 돼 올려지고 있는가?
'그곳을 그리워하는 찬양'이 새 노래가 돼 울려 퍼지고 있는가?

오늘은 이 찬양의 가사로 끝내고자 한다.

하나님의 음성을 듣고자 기도하면
귀를 기울이고 나의 기도를 들어주신다네
깊은 웅덩이와 수렁에서 끌어주시고
나의 발을 반석 위에 세우시사 나를 튼튼히 하셨네
새 노래로 부르자 라라라
하나님께 올릴 찬송을
새 노래로 부르자
하나님의 사랑을
- '하나님의 음성을'(김지면)

2

장차 될 일에 대한 기록

6
인(印)을 떼실 때에

계 6:9-17

요한계시록은 에베레스트산과 같다. 우리의 힘과 능력과 지혜로 정복하기 어려운 부분이 곳곳에 널렸다. 그래서 혼신의 힘을 쏟아 말씀을 준비했다. 그런데 자꾸 이 말씀이 내 귓전을 때리지 않는가?

"그러나 교회에서 네가 남을 가르치기 위하여 깨달은 마음으로 다섯 마디 말을 하는 것이 일만 마디 방언으로 말하는 것보다 나으니라"(고전 14:19).

어떻게 해야 깨달은 마음으로 가르친다고 할 수 있을까? 성도들은 과연 이 말씀을 깨달으며 받고 있는가? 이럴 때 우리가 떠올려야 할 문구가 있다. 바로 "**한 손에는 성경, 한 손에는 신문**"이라는 문구다. 이는 칼 바르트(Karl Barth)가 말한 꽤나 유명한 문구다. 신학자인 그는 엄혹한 나치 독일 시절을 거치며, 그리스도인들이 마땅히 취해야 할 자세를 명료하게 선언했다. 성경을 통해 하나님의 뜻이 무엇인지를 알고, 신문을 통해 그 하나님의 뜻이 어떻게 펼쳐지고 있는지를 깨달아야 한다고 말이다. 하나님의 뜻은 문자적으로 이루어지지 않는다. 우리가 사는 시공간을 통해서 구현된다.

나는 깨달았다. '그래서 고린도전서 14장의 말씀을 주셨구나! 성도들에게 말씀을 알기 쉽게 전해야 하는구나. 성도들이 한마디라도 마음에 담고 가야 하는구나.' 그래서 교회로 급히 나와 본문을 다시 들여다봤다.

균형감각을 기억하라

지금까지 살펴본 요한계시록을 다시 살펴보자. 요한계시록은 크게 세 등분으로 나뉘어진다. 요한계시록 1-5장은 서론이다. 요한계시록 6장-16장은 본론이다. 그리고 결론은 17장-22장이다. 그중에서 몸통에 해당하는 요한계시록 6장-16장은 다시 세 주제로 나누어진다. 일곱 인, 일곱 나팔, 그리고 일곱 대접이다. 그런데 이 부분을 놓고 어떤 이는 "여기 언급되는 인, 나팔, 대접 재앙이 전부 미래에 일어날 일에 대한 예언이라고 성급하게 단정하지 말아야 한다"고 말한다. 지금 지구촌에는 여러 가지 사건이 쉴 새 없이 터지고 있다. 이런 사건들을 인, 나팔, 대접 재앙에 그대로 대입해서는 안 된다. 이것은 요한계시록을 자의적으로 해석하려는 성급하고 불경건한 태도이다. 그렇다고 오늘 우리에게 일어나는 일들을 그냥 의미 없이 던져버릴 수는 없다. 주님은 말씀하신다.

"이와 같이 너희도 이 모든 일을 보거든 인자가 가까이 곧 문 앞에 이른 줄 알라"(마 24:33).

"이런 일이 되기를 시작하거든 일어나 머리를 들라 너희 속량이 가까웠느니라 하시더라"(눅 21:28).

그러므로 균형감각을 가져야 한다. 지나치게 한쪽으로만 치우쳐서는 안 된다. 그야말로 '한 손엔 성경, 또 한 손엔 신문'이다. 그럼 균형감각이란 어떤 마음가짐일까? 먼저 책이 쓰일 당시 독자들이 처한 역사적인 정황(context)에서 그 의미를 찾아야 한다. 요한계시록이란 책은 A.D 1세기 당시의 상황(context)과 앞으로 나타날 종말이 분리하기 힘들 정도로 중첩됐다. 때문에 우리는 먼저 당시 1세기의 독자들이 어떤 상황에 처해 있었는지 살핀 후, 오늘 우리가 처한 현재와 미래, 그리고 종말에 대한 교훈을 찾아야 한다. 이 순서가 대단히 중요하다. 하나님은 언제나 당시의 정황을 바탕으로 텍스트(text)를 주시는 분이기 때문이다. 예를 들어 보자. 우리는 지금 인 재앙을 맞닥뜨리고 있다. 이 인 재앙의 목적이 무엇일까?

"보라 내가 오늘 너를 여러 나라와 여러 왕국 위에 세워 네가 그것들을 뽑고 파괴하며 파멸하고 넘어뜨리며 건설하고 심게 하였느니라 하시니라"(렘 1:10).

하나님은 지금 '무너뜨리고 다시 세우는 사역'을 하고 계신다. 일곱 인 재앙의 목적도 이와 같다. 마땅히 무너뜨려야 할 것을 무너뜨리고, 그 다음 다시 세워야 할 것을 다시 세우는 것이 바로 일곱 인 재앙의 목적이다. 이는 1세기에 이 편지를 받은 수신자들에게 반드시 무너뜨려야 할 대상이 있었다는 사실을 시사한다. 그게 무엇일까? 그것은 당시 로마가 주는 힘과 권력에 기대어 살아가려는 시도다. 이것이 당시의 시대정신이었다. 이런 사고와 시대정신은 지금 우리 안에도 견고하게 자리 잡고 있다. 힘 있는 자와 결탁하여, 아부하고, 동조하고, 그러면서 불의를 눈감아 주고, 침묵하여 그 힘 있는 권력자가 던져주는 떡고물에 만족하려는 생각, 그것을 받으면 안전하다고 여기는 사고가 나를 지배하고 있지 않은가? 그래서 힘 있는 자 편에 서서 가난하고, 힘없는 자를 대수롭지 않게 여기고 있지 않는가? 누가복음 16장의 부자와 나사로처럼 말이다.

"한 부자가 있어 자색 옷과 고운 베옷을 입고 날마다 호화롭게 즐기더라 그런데 나사로라 이름하는 한 거지가 헌데 투성이로 그의 대문 앞에 버려진 채 그 부자의 상에서 떨어지는 것으로 배불리려 하매 심지어 개들이 와서 그 헌데를 핥더라"(눅 16:19-21).

야고보 선생은 더 신랄하게 당시의 상황을 지적했다.

"만일 너희 회당에 금 가락지를 끼고 아름다운 옷을 입은 사람이 들어오고 또 남루한 옷을 입은 가난한 사람이 들어올 때에 너희가 아름다운 옷을 입은 자를 눈여겨보고 말하되 여기 좋은 자리에 앉으소서 하고 또 가난한 자에게 말하되 너는 거기 서 있든지 내 발등상 아래에 앉으라 하면 너희끼리 서로 차별하며 악한 생각으로 판단하는 자가 되는 것이 아니냐"(약 2:2-4).

1세기 요한계시록의 수신자들이 그러했다. 신앙생활을 한다면서도 눈앞의 부, 권력에 무릎을 꿇었다. 철저히 이 땅의 삶에만 초점을 맞췄다. 이런 방법을 통해서 안정과 평화를 누리려고 했다. 인 재앙은 이것을 여지없이 무너뜨리려고 한다. 이것이 바로 인 재앙의 목적이고 요한계시록을 균형 있게 보는 방법이다.

심판자가 보고 계신다

이런 시각으로 인 재앙들을 다시 살펴보자. 인 재앙에는 네 종류의 말이 등장한다. 네 종류의 말은 전쟁과 내란, 기근, 그리고 사망을 뜻한다. 이 네 가지는 인류가 기록해 왔던 역사 그 자체다. 이 네 재앙은 연쇄반응처럼 전개된다. 전쟁, 내란, 기근, 사망은 지난날 인류가 겪었던, 그리고 앞으로 재림이 임박하면 할수록 더 빈번하게, 처참하게 직면하게 될 4대 재앙이다. 그렇다면 이런 재앙들이 구체적으로 어떻게 나타날 것인가?

"내가 보니 여섯째 인을 떼실 때 큰 지진이 나며 해가 검은 털로 짠 상복 같이 검어지고 달은 온통 피같이 되며 하늘의 별들이 무화과나무가 대풍에 흔들려 설익은 열매가 떨어지는 것 같이 땅에 떨어지며 하늘은 두루마리가 말리는 것 같이 떠나가고 각 산과 섬이 제 자리에서 옮겨지매"(계 6:12-14).

여섯 번째 인 재앙에 대한 말씀은 주님이 하신 말씀과 겹친다.

"그 날 환난 후에 즉시 해가 어두워지며 달이 빛을 내지 아니하며 별들이 하늘에서 떨어지며 하늘의 권능들이 흔들리리라"(마 24:29).
"그 때에 그 환난 후 해가 어두워지며 달이 빛을 내지 아니하며 별들이 하늘에서 떨어지며 하늘에 있는 권능들이 흔들리리라"(막 13:24-25).

주님은 마지막 때가 가까워질수록 이 땅에서 전쟁, 내란, 기근, 사망의 빈도가 더해지며, 이런 징조가 땅을 뛰어넘어 우주로 점점 확대될 것이라고 말씀하신다. 지진이 일어난다. 해가 어두워진다. 달이 피같이 변하고, 하늘에서 별들이 떨어지고, 하늘이 두루마리처럼 말린다. 더 나아가 산과 섬들이 사라진다. 그래서 우리로 하여금 오늘 우리가 몸담고 사는 세상, 나를 안전하게 지켜 줄 것이라고 믿었던 내 삶의 터가 얼마나 불완전한지를 철저히 깨닫게 하신다. 세상에는 안전한 삶이 없다. 내 생명을 지켜줄 곳이 어디에도 없다.

물론 여기서 우리는 이 인(印) 재앙이 구체적으로 무엇을 말하는지, 상징인지, 아니면 그저 문자인지 단정할 수는 없다. 하지만 한 가지 분명한 것은 이 재앙을 진두지휘하시며, 최종 판단을 내리시는 분이 있다는 사실이다. 욥은 고난 중에 그분을 만났다.

"지금 나의 증인이 하늘에 계시고 나의 중보자가 높은 데 계시니라"(욥 16:19).

그렇다. 모든 인생은 저 하늘에 계신 하나님의 의로운 판단 앞에 서게 된다. 판단자는 손에 저울을 들고 계시다(계 6:4). 그 저울이 기울면 진노와 재앙을 쏟아내신다. 이 재앙은 세상 역사 끝에서만 임하지 않는다. 지금도 언제든지 일어날 수 있다. 그렇다면 그때 교회는 어떻게 될까? 그리고 교회에 몸담고 있는 우리는 어떻게 될까? 다섯 번째 인이 그 답이다.

"다섯째 인을 떼실 때에 내가 보니 하나님의 말씀과 그들이 가진 증거로 말미암아 죽임을 당한 영혼들이 제단 아래에 있어 큰 소리로 불러 이르되 거룩하고 참되신 대주재여 땅에 거하는 자들을 심판하여 우리 피를 갚아 주지 아니하시기를 어느 때까지 하시려 하나이까 하니 각각 그들에게 흰 두루마기를 주시며 이르시되 아직 잠시 동안 쉬되 그들의 동무 종들과 형제들도 자기처럼 죽임을 당하여 그 수가 차기까지 하라 하시더라"(계 6:9-11).

먼저, 여기에 등장하는 주인공, 즉 "하나님의 말씀과 그들이 가진 증거로 말미암아 죽임을 당한 영혼들"이 과연 누굴까? 어떤 이들은 순교자라고 말한다. 문맥상 그렇게 볼 수 있다. 하지만 성경 전체에 '순교자'란 단어가 없다는 사실을 기억해야 한다. 그렇다면 누구를 뜻할까? 넓은 의미로 볼 때 이 땅 위에서 하나님의 말씀대로 살고,

복음을 전하는 증인으로 살려고 애쓰다가 세상을 떠난 자들, 즉 하나님 중심, 말씀 중심, 교회 중심으로 살다가 이 세상을 떠난 자들을 총칭한다. 다시 말해 이름이 생명책에 기록된 자, 하나님 앞에서 칭찬과 상급을 받을 자들을 일컫는다. 하나님은 주의 자녀들을 음부에 버려두지 않으신다. 누가복음에서는 이렇게 말씀한다.

"그가 음부에서 고통 중에 눈을 들어 멀리 아브라함과 그의 품에 있는 나사로를 보고"(눅 16:23).

다윗도 이렇게 말했다.

"이는 내 영혼을 음부에 버리지 아니하시며 주의 거룩한 자로 썩음을 당하지 않게 하실 것임이로다"(행 2:27).

그러면 이 땅 위에서 믿음으로 살다가 하나님의 부르심을 받은 자들은 지금 어디에 머무는가? 주님께서 그들의 영혼을 어디에 머물게 하시는가? 이들에게 주시는 은총이 무엇인가?

첫째, 가장 존귀한 자리를 주신다.

"다섯째 인을 떼실 때에 내가 보니 하나님의 말씀과 그들이 가진 증거로 말미암아 죽임을 당한 영혼들이 제단 아래에 있어"(계 6:9).

요한은 이들의 영혼을 보았다. 그 영혼이 이 땅을 떠나서 하늘에 있는 것을 보았다. 구체적으로 그 영혼이 하늘 제단 아래 있는 것을 보았다. '제단 아래'는 주님이 앉아 계신 영광의 보좌 바로 다음에 있는 특권과 영예의 자리, 의로운 자리다. 이들을 하늘에서 가장 존귀히 여기시고, 순교자처럼 대우하신다는 뜻이다. 주님은 이들의 삶을 향기로운 제물로 받으신다.

둘째, 흰 두루마기를 입혀 주신다.

"각각 그들에게 흰 두루마기를 주시며"(계 6:11).

흰 두루마기는 요한계시록에 5번 등장한다. 이 옷은 매우 고귀한 신분을 상징하는 옷이다. 예수님이 입으셨던 옷, 순결과 승리를 상징하는 옷, 구원을 상징하는 옷이다. 마지막 날 하나님 앞에 설 수 있는 자는 흰 두루마기를 입은 자들이다.

"그에게 빛나고 깨끗한 세마포 옷을 입도록 허락하셨으니 이 세마포 옷은 성도들의 옳은 행실이로다 하더라"(계 19:8).

셋째, 쉼을 주신다.

"각각 그들에게 흰 두루마기를 주시며 이르시되 아직 잠시 동안 쉬되 그들의 동무 종들과 형제들도 자기처럼 죽임을 당하여 그

수가 차기까지 하라 하시더라"(계 6:11).

세상 어디에서도 누리거나 찾을 수 없었던 쉼, 즉 안식을 맛보게 하신다.

"또 내가 들으니 하늘에서 음성이 나서 이르되 기록하라 지금 이 후로 주 안에서 죽는 자들은 복이 있도다 하시매 성령이 이르시 되 그러하다 그들이 수고를 그치고 쉬리니"(계 14:13).

그래서 하나님은 이 땅 위에 교회를 허락하셨다. 그리고 이 교회를 그 누구도 흔들지 못하게 하신다.

"또 내가 네게 이르노니 너는 베드로라 내가 이 반석 위에 내 교회를 세우리니 음부의 권세가 이기지 못하리라"(마 16:18).

새찬송가 351장에서 이렇게 고백한다.

세상 나라들은 멸망당하나
예수 교회 영영 왕성하리라
마귀 권세 감히 해치 못함은
주가 모든 교회 지키심이라
- '믿는 사람들은 주의 군사니'(새찬송가 351장)

사랑하는 여러분!

오늘 우리는 어디쯤에 와 있는가? 마태복음에서 이렇게 말씀했다.

"이미 도끼가 나무뿌리에 놓였으니 좋은 열매를 맺지 아니하는 나무마다 찍혀 불에 던져지리라"(마 3:10).

여기서 도끼는 심판을 뜻한다. 성경은 그 심판이 이미 시작됐다고 말씀한다. 우리는 첫째 인, 둘째 인, 셋째 인, 넷째 인 사이에 있다. 곧 다섯째 인, 여섯째 인도 우리 앞에 나타날 것이다. 그렇다면 어떻게 살아야 할까? 하나님 말씀에 생명을 걸면서 살아야 한다(계 6:9). 살아 있는 순교자들이 돼야 한다. 하나님은 저울을 들고 계신다(계 6:5). 연약한 부분이 많고, 허물이 많으나 이 땅에서 살아가는 우리를 하나님은 순교자처럼 취급하신다. 우리를 위하여 가장 존귀한 자리, 흰 두루마기, 그리고 안식을 예비해 놓고 계신다. 그곳에 이르기 위해 힘쓰는 주의 자녀들이 될 수 있기를 소원한다.

7
그대는 인침을 받았는가?

계 7:1-4

일전에 한 분이 이런 메시지를 보내왔다. "저는 신약 성경 중에 요한계시록은 지금도 여전히 거리감을 가지고 있습니다. 제가 요한계시록을 묵상하는 것도 이렇게 부담되는데, 설교를 준비하시는 목사님께서는 얼마나 부담이 되셨습니까." 그러면서 그분은 몇 가지를 질문했다. 질문한 분은 신앙의 연륜도 깊고, 아주 신실하신 분이다. 성경도 많이 읽고, 기도도 열심히 하시는 분이다. 그런데 왜 요한계시록에 거리감을 느끼고, 묵상하는 것조차도 부담이 된다고 하셨을까? 가만히 생각해 보니 비단 이분 뿐만 아니라 대체로 그렇게 생각하는 것 같았다. 그 이유가 뭘까?

한국 교회가 한참 상승기류를 탈 때 다미선교회가 나타났다. 그리고는 구체적인 날짜까지 적시하며 종말론을 퍼트렸다. 광풍이 불었다. 일반 매스컴이 관심을 가질 정도였다. 군대에 있는 병사들이 생활관에서 믿음이 좋은 동료의 발을 붙잡고 그들이 하늘로 올라가면 본인도 함께 올라가려고 했을 정도였다. 그 사건 이후 기성교회의 강단은 종말론에 대해서 무척 조심스럽게 접근했다. 아니 침묵했다. 요한계시록은 점점 금서처럼 취급됐다. 그 틈을 타서 여호와의 증인, 신천지 등이 요한계시록을 접수했다. 그리고 그들만의 종말론을 퍼뜨렸다. 십사만 사천, 666을 제멋대로 해석했다. 요한계시록이 저들의 홈그라운드가 돼버렸다. 그러자 종말론에 영적 갈급함을 느끼던 많은 기성교인들이 '혹' 하며 그 집단에 빨려 들어갔다. 우리는 이제 다시 요한계시록을 찾아와야 한다. 그 이유는 세 가지다.

첫째, 요한계시록은 성경 66권 중에 하나이기 때문이다.
둘째, 요한계시록을 곡해했기 때문이다. 요한계시록 어디에도 휴거론이 없다. 적그리스도란 표현도 없다. 그런데 우리는 막연히 그렇게 믿고 있다.
셋째, 요한계시록은 사복음서를 보완하는 책이기 때문이다. 무슨 말인가? 복음서는 이 땅에 오신 예수님만을 소개한다. 하지만 그게 예수님의 전부는 아니다. 요한계시록의 주님은 복음서에서 묘사된 주님과 차원이 다르다. 그분은 만왕의 왕이시다. 온 우주의 권세를 한 손에 쥐신 분이시다. 온 세상을 심판하는 심판주이시다. 그래서 요한계시록을 '또 다른 복음서' 혹은 '제5복음서'라고 부르는 것이다.

때문에 요한계시록을 가까이해야 한다. 사복음서의 주님과 '또 다른 복음서'인 요한계시록의 주님을 함께 살필 때 비로소 우리는 완벽한 구원자 주님을 만날 수 있다. 요한계시록을 자세히 보면 우리 주님은 종말과 무서운 심판만을 주관하시는 분이 아니라 격려와

위로를 넘치도록 주시는 분이심을 알 수 있다. 이 주님을 만나야 한다. 그러기 위해서는 요한계시록을 다시 손에 쥐어야 한다.

옥스퍼드와 케임브리지 대학에서 신약성서학을 가르쳤던 톰 라이트 교수는 말했다. "계시록은 우리가 예수님을 계속 생각하고 기도하도록 만들어진 책이지, 모든 것에 만족할 대답을 주기 위해 만들어진 책이 아니다."

문자적인가 상징적인가

어떤 기준으로 요한계시록을 해석해야 할까? 요한계시록에는 중요한 표현이 하나 등장한다. 바로 '내가 보니'라는 표현이다. 4장 1절 "이 일 후에 내가 보니", 5장 1절 "내가 보매", 11절 "내가 보고 들으매", 6장 1절 "내가 보매", 6장 9절 "내가 보니", 6장 12절 "내가 보니", 7장 1절 "선 것을 보니", 8장 2절 "내가 보매", 9장 1절 "내가 보니", 10장 1절 "내가 또 보니" 등이 있다. 그렇다면 누가 무엇을 보았다는 것인가? 요한이 환상을 보았다는 뜻이다. 이때는 상징으로 접근해야 한다. 반대로 이 표현이 없으면 그 부분은 문자로 접근하면 된다. 요한이 유배되었던 밧모섬은 실제로 있던 섬이다(계 1:9). 요한이 편지를 보낸 일곱 교회도 당시 실제로 존재했던 교회들이다. '내가 보니'가 나오면 상징으로 접근하고, 없으면 실제로 해석한다는 대원칙은 간단하지만 아주 중요한 원칙이다. 요한계시록을 읽어나가면서 이 원칙을 늘 염두에 두도록 하자. '이것은 상징으로 봐야겠구나', '이것은 실제, 문자로 봐야겠구나.'

드디어 요한계시록 7장을 폈다. 상당한 논란을 일으키는 장이다. 두 가지 면에서 그렇다. 하나는 '십사만 사천', 또 하나는 '인침을 받은 자'이다. 이를 어떻게 해석할 것인가? 먼저, 십사만 사천 명에 대해서 생각해 보자.

"내가 인침을 받은 자의 수를 들으니 이스라엘 자손의 각 지파 중에서 인침을 받은 자들이 **십사만 사천**이니"(계 7:4).
"또 내가 보니 보라 어린양이 시온산에 섰고 그와 함께 **십사만 사천**이 서 있는데 그들의 이마에는 어린양의 이름과 그 아버지의 이름을 쓴 것이 있더라"(계 14:1).

이 숫자를 실제로 봐야 할까? 아니면 상징으로 봐야 할까? 이단들은 이 숫자 자체를 굉장히 중요하게 다루면서 문자 그대로 해석해야 한다고 고집한다. 그래서 '이제 남은 자리가 얼마 없다. 그러니 빨리 들어와라'라고 말하며 사람들을 미혹한다. 이 말에 혹하고 넘어가는 자들이 많다. 정말 그럴까? 바로 이때 해석의 기준을 떠올려야 한다. 7장은 "이 일 후에 내가…보니"(계 7:1)로 시작해 "또 보매 다른 천사가"(계 7:2)라고 이어진다. 14장도 마찬가지다. 역시 "또 내가 보니"(계 14:1)로 시작된다. 그렇다면 어떻게 접근해야 할까? 그렇다. 상징으로 접근해야 한다. 이렇게 봐야 하는 이유도 성경 곳곳에서 확인할 수 있다. 이어지는 5절을 보자.

"유다 지파 중에 인침을 받은 자가 **일만 이천**이요 르우벤 지파 중에 일만 이천이요 갓 지파 중에 **일만 이천이요**"(계 7:5).

열두 지파 전체가 똑같이 일만 이천이다. 그래서 본문을 문자로만 해석하는 이들은 열두 지파를 합해서 십사만 사천이라고 한다. 그러나 민수기 1장을 보면 출애굽을 한 이스라엘 각 지파의 숫자가 각각 얼마였는지 나오는데, 어떤 지파는 인구가 많고 어떤 지파는 적다. 그런데 요한계시록에서는 모든 지파가 똑같이 일만 이천 명이다. 얼마나 불공평한가?

또, 이 본문을 문자로만 본다면 구원받는 자는 이스라엘 지파에 속해야만 한다. 그 외의 나라와 종족들은 단 한 사람도 여기에 들어가지 못한다. 그래서 이단들은 궁여지책으로 12개 지파를 만들어서 교인들을 그 12지파 내에 배정했다. 하지만 그 지파에 배정이 된다고 이스라엘 혈통을 입는가? 더 중요한 것은 이스라엘 민족만으로 이미 십사만 사천이 찼다는 사실이다. 더 이상 자리가 없다. 들어가려야 들어갈 수가 없다. 십사만 사천을 문자적으로 해석하면 이런 난제를 풀 수 없다. 이어지는 9절을 보자.

"**아무도 능히 셀 수 없는 큰 무리**가 나와 흰 옷을 입고 손에 종려 가지를 들고 보좌 앞과 어린양 앞에 서서"(계 7:9).

구원받은 자를 '아무도 능히 셀 수 없는 큰 무리'라고 말한다. 비슷한 표현이 성경 다른 곳에서도 수없이 발견된다.

"하나님의 말씀이 점점 왕성하여 예루살렘에 있는 제자의 수가 더 심히 많아지고 허다한 제사장의 무리도 이 도에 복종하니라"(행 6:7).

"이에 이고니온에서 두 사도가 함께 유대인의 회당에 들어가 말하니 유대와 헬라의 허다한 무리가 믿더라"(행 14:1).

"이러므로 죽은 자와 같은 한 사람으로 말미암아 하늘의 허다한 별과 또 해변의 무수한 모래와 같이 많은 후손이 생육하였느니라"(히 11:12).

"이러므로 우리에게 구름 같이 둘러싼 허다한 증인들이 있으니 모든 무거운 것과 얽매이기 쉬운 죄를 벗어 버리고 인내로써 우리 앞에 당한 경주를 하며"(히 12:1).

성경을 보면 한 알의 밀알이셨던 주님으로부터 12명, 70명, 120명, 3,000명, 5,000명으로 믿는 자들이 확산되어 가는 것을 볼 수 있다. 이 숫자의 범주를 넘어서면 성경은 허다한 무리, 하늘의 허다한 별, 해변의 무수한 모래, 구름같이 둘러싼 허다한 증인으로 그 수를 표현한다. 그러므로 십사만 사천 명은 상징적인 숫자이다. 그런데 왜 하필이면 십사만 사천 명이라고 했을까? 십사만 사천은 구약의 열두 지파와 신약의 열두 제자를 곱한 144에다가 유대 문화에서 헤아릴 수 없는 숫자를 뜻하는 1,000을 곱한 것이라 할 수 있다. 즉 '셀 수 없이 많은 무리'라는 뜻이다. 십사만 사천은 구원받은 자의 총수를 뜻한다고 보면 된다. 그러므로 이 숫자 때문에 더 이상 흔들림이 없어야 한다. 또, '이마에 인침을 받은 자'란 표현이 있다(계 7:3-4).

"우리가 우리 하나님의 종들의 이마에 인치기까지 땅이나 바다나 나무들을 해하지 말라 하더라 내가 인침을 받은 자의 수를 들으니 이스라엘 자손의 각 지파 중에서 인침을 받은 자들이 십사만 사천 이니"(계 7:3-4)

인침을 받는다는 말이 연속된다. 도대체 무슨 뜻일까? 우선 이들을 '하나님의 종들'(계 7:3)이라고 했다. 그리고 이들이 십사만 사천이다. 이 셋을 동일선상에 놓았다. '**하나님의 종들**' = '**인침을 받은 자**' = '**십사만 사천**'이 되는 셈이다. 한번 옆 사람의 이마를 유심히 살펴보자. 무슨 표시가 있는가? 잘 보이지 않을 것이다. 그러면 인침을 받은 자는 어떤 자를 뜻할까? 고린도후서 1장 22절을 한 번 보자.

"우리에게 인치시고 보증으로 우리 마음에 성령을 주셨느니라"(고후 1:22).

바울은 인치심과 성령 주심을 같은 의미로 사용했다.

"그 안에서 너희도 진리의 말씀 곧 너희의 구원의 복음을 듣고 그 안에서 또한 믿어 약속의 성령으로 인치심을 받았으니"(엡 1:13).

이 말씀도 인치심과 성령 주심을 하나로 취급하고 있다. 뒤로 이런 말씀이 이어진다.

"하나님의 성령을 근심하게 하지 말라 그 안에서 너희가 구원의 날까지 인치심을 받았느니라"(엡 4:30).

인치심이란 표현도 상징적인 표현임을 알 수 있다. 하나님 자신이 영으로 우리 안에 임하셨다는 의미다. 성령이 임하신 사람, 성령을 받은 사람이 곧 인치심을 받은 사람이다. 그러므로 이 시간 우리는 이 질문을 던져야 한다. 나는 성령 받은 사람인가? 그렇다면 하나님의 종이요, 인침을 받은 사람이요, 나아가 십사만 사천에 속한 자이다. 나는 성령을 받았는가?

인침을 받은 자의 특징

내가 정말 성령 받은 사람이라면 몇 가지의 특징이 나타나야 한다.

첫째, 하나님과 예수 그리스도를 안다.

"영생은 곧 유일하신 참 하나님과 그가 보내신 자 예수 그리스도를 아는 것이니이다"(요 17:3).

여기에서 영생은 구원받은 자를 뜻한다. 안다는 표현은 사랑한다는 말로 번역된다. 어떻게 하나님을 아는 자가 될까?

"나의 계명을 지키는 자라야 나를 사랑하는 자니 나를 사랑하는 자는 내 아버지께 사랑을 받을 것이요 나도 그를 사랑하여 그에게 나를 나타내리라"(요 14:21).

하나님과 예수 그리스도를 아는 자는 계명을 지키는 자여야 한다.

둘째, 그 계명이 곧 사랑임을 인식한다.

구약과 신약에 엄청난 계명들이 있다. 그 계명들을 진액으로 만들면 마지막에 뭐가 남을까?

"오직 성령의 열매는 사랑과 희락과 화평과 오래 참음과 자비와 양선과 충성과 온유와 절제니 이 같은 것을 금지할 법이 없느니라"(갈 5:22-23)
"그러므로 너희가 더욱 힘써 너희 믿음에 덕을, 덕에 지식을, 지식에 절제를, 절제에 인내를, 인내에 경건을, 경건에 형제 우애를, 형제 우애에 사랑을 더하라"(벧후 1:5-7).

사랑이다. 사랑이 알파요, 오메가다. 그래서 바울은 이렇게 말한다.

"모든 것 위에 사랑을 더하라 이는 온전하게 매는 띠니라"(골 3:14).

이같이 하나님을 아는 자는 하나님의 계명을 지키는 자다. 하나님 계명의 알파와 오메가는 사랑이다. 이 모든 것 위에 사랑을 더해야 한다. 그리고 여기에서 멈추면 안 된다.

셋째, 그 사랑을 실천해야 한다. 그것은 곧 용서이다.

하나님은 내 곁에 내가 용서해야 할 사람을 반드시 두셨다. 그리고 그를 어떻게 대하는지 보신다. '아는 것은 뿌리', '사랑은 줄기', '용서는 열매'이기 때문이다. 용서해야 할 사람을 내 곁에 두시고, 나를 다듬어 가신다. 그 사람이 누군가? 내 배우자, 가족, 친지, 교우, 이웃일 수 있다. 반드시 있다. 그 사람을 용서하면, 하나님도 나를 용서하신다.

예전에 한 분을 만났다. 그분은 내밀한 얘기를 어렵게 털어놓으며 '살아내야 한다', '살아내려고 발버둥 친다'고 고백했다. 그분의 눈에서는 뜨거운 눈물이 연신 흘러내렸다. 나는 집으로 돌아오면서 '믿음으로 고비를 잘 넘기는 것 같구나'라고 생각했다.

대하소설 '인간시장'으로 유명한 김홍신(1947-) 씨가 아내를 떠나보내고 출간한 시집에 이런 글이 담겨 있었다.

네가 떠난 뒤 그리움에 북받쳐
네가 세상에 없는 줄 알면서 그냥 걸어봤다.
"지금 거신 전화는 없는 번호입니다"
그래, 너 없는 세상 난 어쩌란 말이냐
-「지금 거신 전화는」(김홍신)

그는 이번에 『죽어 나간 시간을 위한 애도』라는 장편소설을 출간했다. 그리고 출판기념회에서 이렇게 말했다. "사람이 죽으면 흙이 됩니다. 흙은 빨갱이도 적군도 아닙니다. 그냥 흙일뿐이니 미워할 가치도 없습니다." 그리고 그는 소설 속의 주인공 한서진의 입을 통해 이렇게 외친다. "타인을 용서하지 않으면 내가 괴롭다. 가장 완벽한 복수는 용서하는 것이다."

사랑하는 여러분!

'나는 인치심을 받았는가?' 스스로를 향하여 진지하게 질문을 던져보자. 인치심은 곧 성령의 임재를 뜻한다. 이를 경험한 자에게는 열매가 나타난다. 하나님을 아는 것, 계명을 지키는 것, 사랑하는 것, 마지막으로 용서하는 것이다. 나는 인치심을 받았는가?

예수 십자가에 흘린 피로써 그대는 씻기어 있는가
더러운 죄 희게 하는 능력을 그대는 참 의지하는가
예수의 보혈로 그대는 씻기어 있는가
마음속에 여러 가지 죄악이 깨끗이 씻기어 있는가
- '예수 십자가에 흘린 피로써'(찬송가 259장)

8
그 고요함은 단 '반 시간'뿐이었다
계 8:1-5

유머로 분위기를 부드럽게 한 후, 말씀에 들어가는 건 좋은 설교 방법 중에 하나다. 유머 하면 내 친구 송길원 목사를 따라잡을 자가 없다. 그는 심지어 '죽음'을 가지고도 배꼽 잡을 유머를 생산해 낸다 (송길원 목사는 『죽음이 배꼽을 잡다』라는 책을 출간했다). 이 친구는 일주일에 한두 편씩 꼭 글을 메일로 보내온다. 언제는 이런 글을 보내왔다.

토요일 아침, 인쇄소에서 목사에게 전화가 걸려왔다. "목사님, 원고에 이번 주 설교 제목이 빠졌습니다. 빨리 주십시오." 주보를 인쇄하기 전에 온 확인 전화였다. 화들짝 놀란 목사가 얼른 제목을 일러줬다. "여호와는 나의 목자시니…" 인쇄공이 미완성의 제목을 받고서 놀라 다시 물었다. "목사님, 그것뿐인가요?" 설교 준비에 쫓기던 목사는 별 생각 없이 "그것만으로 충분합니다." 이렇게 한마디 하고선 얼른 전화를 끊었다. 주일 아침 일찍 교회에 나와 주보를 확인한 목사는 무척 당황했다. 주보에 적힌 긴 설교 제목 탓이었다. 주보에 설교 제목이 "여호와는 나의 목자시니 그것만으로 충분합니다"라고 적혀 있었다. 설교 제목에 당황한 목사는 몇 번이고 그 제목을 되풀이하며 읽기를 반복하다가 울음을 터뜨리고 말았다. 강단에 올라선 목사는 그 일을 말하고 고백하기 시작했다. "여호와는 나의 목자시니 그것만으로 충분합니다." 처음에는 다들 웃었다. 하지만 목사님의 진지한 표정에 모두 엄숙해졌다. "여호와는 나의 목자시니 그것만으로 충분합니다." 목사는 반복하고 또 반복했다. 설교는 그것이 전부였다. 이 목사님의 고백 앞에 성도 모두가 큰 감동에 젖었다. 이 제목을 고백하고 또 고백하며 목사님을 따라 눈물을 흘렸다. 정말 은혜로운 설교시간이었다.

이 글을 받은 나는 설교 제목을 뽑는데 꽤 신경을 썼다. 몇 번을 수정했는지 모른다. '은혜의 우산 밑으로', '기도 시간의 고요함', '이 고요함을 아는가?', '고요함은 30분이었다' 등 여러 설교 제목 후보가 있었지만, '그 고요함은 단 반 시간이었다'로 낙점했다. 이 제목을 꼭 기억하길 바란다.

고요함의 의미

왜 서두에 이런 이야기를 꺼내는지 아는가? 지금 다룰 말씀이 너무 무겁고, 섬뜩하기까지 하기 때문이다. 그래서 분위기를 좀 편하게 하기 위해서 가벼운 이야기로 문을 열었다.

우리는 이제 요한계시록 8장에서 큰 전쟁을 만나게 된다. 일곱째 인이 떼지기 때문이다. 지금까지 여섯 번 인이 떼졌다. 인이 떼질 때마다 괴이한 일들이 일어났지만, 지금까지는 약과였다. 일곱째 인이야말로 최종적으로 나타날 심판에 대한 예언이다. 이 마지막 인이 떼졌을 때 일곱 천사가 나타나며, 그들이 나팔을 받아 그 나팔을 연속적으로 울릴 때 감히 상상할 수 없는 재앙이 하늘로부터 쏟아지기 때문이다. 구체적으로 어떤 재앙인가?

"첫째 천사가 나팔을 부니 피 섞인 우박과 불이 나와서 땅에 쏟아지매 땅의 삼 분의 일이 타 버리고 수목의 삼 분의 일도 타 버리고 각종 푸른 풀도 타 버렸더라 둘째 천사가 나팔을 부니 불붙는 큰 산과 같은 것이 바다에 던져지매 바다의 삼 분의 일이 피가 되고 바다 가운데 생명 가진 피조물들의 삼 분의 일이 죽고 배들의 삼 분의 일이 깨지더라 셋째 천사가 나팔을 부니 횃불 같이 타는 큰 별이 하늘에서 떨어져 강들의 삼 분의 일과 여러 물 샘에 떨어지니 이 별 이름은 쓴 쑥이라 물의 삼 분의 일이 쓴 쑥이 되매 그 물이 쓴 물이 되므로 많은 사람이 죽더라"(계 8:7-11).

이런 재앙을 어디에 비교할 수 있는가? 세계 제1차, 제2차 대전, 아니 핵폭탄 포격이 이 재앙에 버금갈 수 있겠는가? 사람들은 '농담이겠지, 설마 그런 일이 일어나려고?' 한다. 하지만 성경은 이렇게 경고한다.

"롯이 나가서 그 딸들과 결혼할 사위들에게 말하여 이르기를 여호와께서 이 성을 멸하실 터이니 너희는 일어나 이곳에서 떠나라

하되 그의 사위들은 농담으로 여겼더라"(창 19:14).
"옛 세상을 용서하지 아니하시고 오직 의를 전파하는 노아와 그 일곱 식구를 보존하시고 경건하지 아니한 자들의 세상에 홍수를 내리셨으며"(벧후 2:5).

반드시 일어난다. '평안하다', '안전하다' 할 때에 여인이 겪는 해산의 고통이 반드시 우리 앞에 나타난다. 그러면 이 처참하고 무시무시한 재앙을 피할 길은 없을까?

"사람이 감당할 시험 밖에는 너희가 당한 것이 없나니 오직 하나님은 미쁘사 너희가 감당하지 못할 시험 당함을 허락하지 아니하시고 시험당할 즈음에 또한 피할 길을 내사 너희로 능히 감당하게 하시느니라"(고전 10:13).

그 피할 길이 무엇일까? 요한계시록 8장 1절을 보자.

"일곱째 인을 떼실 때에 하늘이 반 시간쯤 고요하더니"(계 8:1).

반 시간 쯤 '고요하다'란 말에 주목해야 한다. 지금 여섯째 인까지 떼졌다. 이제 무시무시한 일곱째 인이 떼어지기 직전이다. 일곱 천사가 나타나 일곱 나팔을 받아 불기 직전이다. 그 사이에 고요가 나타난다. 폭풍전야의 고요랄까! 그런데 그 고요는 '반 시간'쯤이란다. 한 시간도 채 되지 않는다. 반 시간은 지극히 짧은 시간이다. 이

짧은 고요는 뭘 의미할까? 하나님은 왜 마지막 일곱째 인을 떼시기 전에 온 천지를 고요로 덮으실까? 이어지는 말씀에 시선을 집중해야 한다.

"또 다른 천사가 와서 제단 곁에 서서 금 향로를 가지고 많은 향을 받았으니 이는 모든 성도의 기도와 합하여 보좌 앞 금 제단에 드리고자 함이라 향연이 성도의 기도와 함께 천사의 손으로부터 하나님 앞으로 올라가는지라 천사가 향로를 가지고"(계 8:3-5)

'금 향로', '많은 향', '금 제단', '향연', '향로'는 모두 '성도의 기도'와 관련이 있다. 그리고 그 기도는 문맥상 1절의 고요와 깊은 관련이 있다.

R.H 찰스(Charles) 박사는 "하나님은 하늘의 모든 합창보다도 성도들의 소원, 기도에 더 귀를 기울이신다"라고 했다. 앞 장에 보면 네 생물과 이십사 장로들이 하나님을 높이며 찬양한다.

"구원하심이 보좌에 앉으신 우리 하나님과 어린양에게 있도다"(계 7:10).
"아멘 찬송과 영광과 지혜와 감사와 존귀와 권능과 힘이 우리 하나님께 세세토록 있을지어다 아멘"(계 7:12).

경이로운 사실은 요한계시록 8장 1절에서 하늘 찬양 소리가 멈추고 '반 시간'쯤 고요해진다는 사실이다. 그리고 하나님께서 기도하는 백성들에게 집중하신다. 백성들의 간절한 속삭임을 들으시기 위해 온 세상의 소리를 다 멈추신다. '쉿' 하시면서 말이다. 물론 은유다. 세상의 시끄러운 소리 때문에, 천군천사들의 찬양 때문에 하나님이 성도들의 기도를 들으실 수 없다는 뜻이 아니다. 이 말씀의 뜻은 하나님이 그만큼 성도들의 기도에 관심을 가지고 집중하신다는 뜻이다. 말세를 살아가는 성도, 특히 고난 중에 있는 성도가 하나님께 기도를 올릴 때 하나님은 그 기도를 가장 귀한 제물로 받으신다는 뜻이다. 온 세상을 침묵 속에 빠뜨리시기까지 하시면서 말이다.

하나님의 음성을 듣고자 기도하면
귀를 기울이고 나의 기도를 들어주신다네
- '하나님의 음성을 듣고자 기도하면'(나윤선)

올려야 할 세 가지의 기도

그렇다면 우리는 어떤 기도를 드려야 할까? 같은 말이라도 어떻게 기도하느냐에 따라 완전히 느낌이 다르다. 재미있는 이야기를 해 보겠다.

한 나라에 왕이 있었다. 어느 날 밤 그는 자신의 이가 모조리 빠지는 꿈을 꾸었다. 왕은 불길한 기분에 용하다는 해몽가를 불렀다. 해몽가는 꿈을 전해 듣고, 꿈 풀이를 했다. "폐하, 매우 불길한 흉몽입니다. 이빨이 다 빠졌다는 것은 폐하께서 살아 계실 때에 폐하에게 딸린 식솔들이 다 죽는다는 뜻입니다." 왕은 노발대발하며 다른 해몽가를 불렀다. 그는 말했다. "폐하. 길몽입니다. 이가 다 빠진다는 것은 폐하께서 모든 가족보다 더 오래오래 장수하신다는 뜻입니다." 기분이 좋아진 왕은 그 해몽가에게 푸짐한 상을 내렸다. 옆에서 이를 지켜본 신하가 해몽가에게 물었다. "당신의 꿈 풀이는 이전의 해몽가와 결국 같지 않소. 그런데 무슨 연유로 그는 벌을 받고 당신은 상을 받는 것입니까?", 그러자 해몽가가 대답했다. "맞는 말씀이요. 내용은 같지만 풀어내는 관점이 다를 뿐이죠."

문제는 '무엇을 말하느냐'가 아니라 '어떻게 말하느냐'이다. 기도하지 않는 사람은 없다. '얼마나 오래 기도하느냐'도 중요하지 않다. 중요한 것은 '어떻게 말하느냐'이다.

말세를 살아가는 우리는 어떤 기도를 드려야 할까? 사실 본문에는 기도자가 어떤 기도를 드렸는지, 그 구체적인 내용이 나오지 않는다. 이럴 때는 성경의 앞뒤 문맥을 살펴야 한다.

요한계시록 7장으로 눈을 돌려보자. 십사만 사천이 나온다(계 7:4). 성경은 이들을 '하나님의 종들'이라고 했다(계 7:3). 또한 '인침을 받은 자'라고 했다(계 7:5). 이들은 한 마디로 구원받은 자들이다. 이어서 그 십사만 사천 명이 구체적으로 누구인지 언급된다. 그게 요한계시록 7장 5-8절이다. 이스라엘의 열두 지파가 일일이 언급된다. 바로 여기에 깊고 오묘한 뜻이 담겨 있다. 자세히 좀 더 살펴야 한다. 왜냐하면 말세에 기도자가 어떤 기도를 드려야 하는지를 알 수 있기 때문이다. 이와 관련해 요한계시록 7장에서 눈길을 끄는 것이 세 가지 있다.

첫째, 유다 지파가 제일 먼저 언급된다(계 7:5).

구약에는 열두 지파의 목록이 20회 정도 언급된다. 하지만 요한계시록과 같은 순서로 나오지 않는다. 언제나 장자인 르우벤 지파가 제일 먼저 언급된다. 그런데 여기서는 유다 지파가 제일 먼저 언급된다. 이유가 뭘까?

둘째, 열두 지파 중에 하나인 단 지파는 아예 누락되어 버렸다.

이유가 뭘까?

셋째, 에브라임 지파 대신에 요셉 지파가 언급되고 있다(계 7:8).

이 세 가지 의문들을 풀어야 한다. 그러면 8장의 기도가 어떤 기도였는지를 유추할 수 있다. 의문들을 하나씩 풀어나가 보자.

첫째, 유다 지파를 제일 먼저 언급한 이유는 무엇일까?

요한계시록 5장 5절을 보면 심판주이신 예수님을 유다 지파의 사자요, 다윗의 뿌리라고 소개한다. 그 예수님이 말세의 심판주시며, 우리의 구원자 되심을 강조한다. 열두 지파의 머리로 유다 지파를 앞세워 오직 그분만이 머리요, 주관자이심을 부각시킨다.

둘째, 단 지파가 누락된 이유는 무엇일까?

단 지파는 사탄과 우상숭배를 했던 지파다(계 12:9). 이 지파는 라이스에서 우상을 취하고, 신상을 새겼으며 그들의 가정에 우상을 들여왔다(삿 18:30). 그런데 그들은 회개치 않았다. 그래서 십사만 사천에서 제외됐다.

셋째, 에브라임 지파 대신에 요셉 지파가 언급된 이유는 무엇일까?

원래 요셉 지파는 없다. 그의 두 아들 므낫세와 에브라임이 각각 한 지파씩이 차지했기 때문이다.

"이스라엘이 오른손을 펴서 차남 에브라임의 머리에 얹고 왼손을 펴서 므낫세의 머리에 얹으니 므낫세는 장자라도 팔을 엇바꾸어 얹었더라"(창 48:14).

나이 많은 야곱은 손자 므낫세와 에브라임 중에서 에브라임을 더 사랑했다. 그래서 자기의 오른손을 에브라임의 머리에 얹어 축복했다. 그 손자가 잘 되길 바랐다. 하지만 에브라임은 어떻게 살았는가?

"요셉의 아들 에브라임의 아들들에게서 난 자를 그들의 종족과 조상의 가문에 따라 이십 세 이상으로 싸움에 나갈 만한 자를 그 명수대로 다 계수하니"(민 1:32).

표현이 예사롭지 않다. 에브라임을 그저 에브라임으로 소개하지 않고 '요셉의 아들'이라고 소개한다. 이는 그가 적당하게 선조의 믿음, 선대의 신앙을 이어받으면 구원받을 수 있다고 생각하며 살았기 때문이다. 그래서 십사만 사천에 들어갈 수 없었다.

그렇다면 요한계시록 8장에 등장하는 성도들은 어떤 기도를 드렸을까? 그들은 유다의 뿌리이신 예수 그리스도를 구주로 고백하는 기도를 드렸다. 주님만이 나의 구원자 되시며, 나의 모든 것이 되심을 중심에 두고 기도를 올렸다. 단 지파처럼 실수하고 범죄 했을지라도, 곁길로 나아갔을지라도 하나님께로 돌아와 십자가를 붙들고 회개, 통회, 자복하는 기도를 올렸다. 그리고 에브라임처럼 부모의 신앙에 기대지 않고 직접 하나님 앞에 나아가 내가 하나님의 뜻대로 살기를 원한다는 기도를 올렸음을 알 수 있다.

이 세 가지의 기도가 올려졌을 때 하나님은 그 기도를 기쁘게 받으시기 위해 온 세상의 모든 소음들을 다 멈추시고, 재앙도 연기하신다. 그 기도를 올린 이들로 하여금 그 재앙을 통과하게 하신다.

사랑하는 여러분!

고요한 기간은 '반 시간'이다. 이 반 시간이 의미하는 바는 무엇일까? 반 시간은 지극히 짧은 시간으로 시한부적이라는 뜻이 더 강하다. 기도할 수 있는 시간이 언제나 주어지지 않는다. 언제까지나 기도를 열납하지 않으신다. 주님은 마태복음에서 말씀하셨다.

"그 후에 남은 처녀들이 와서 이르되 주여 주여 우리에게 열어 주소서 대답하여 이르되 진실로 너희에게 이르노니 내가 너희를 알지 못하노라 하였느니라"(마 25:11-12).

문이 닫힌 후에는 아무리 문을 두드리며 열어달라고 애원해도 소용없다. 돌아오는 음성은 차갑고 냉정한 소리뿐이다. 기도를 받으실 때가 있다. 기도해야 할 때가 있다. 그 기간은 지극히 짧다. 베드로는 경고한다.

"만물의 마지막이 가까이 왔으니 그러므로 너희는 정신을 차리고 근신하여 기도하라"(벧전 4:7).
"그러므로 우리는 긍휼하심을 받고 때를 따라 돕는 은혜를 얻기 위하여 은혜의 보좌 앞에 담대히 나아갈 것이니라"(히 4:16).

여러분의 삶은 어떤가? 평탄한가? 모든 일이 형통한가? 이는 하나님께서 기도하라고 주신 환경이다. 하나님은 기도를 듣기 원하신다. 우리가 하나님께 나아갈 때 하나님은 세 가지를 예비하신다.

첫째, 흰 두루마기의 은총이다.

"내가 말하기를 내 주여 당신이 아시나이다 하니 그가 나에게 이르되 이는 큰 환난에서 나오는 자들인데 어린양의 피에 그 옷을 씻어 희게 하였느니라"(계 7:14).

둘째, 재앙을 면하는 은총이다.

"내가 또 보고 들으니 공중에 날아가는 독수리가 큰 소리로 이르되 땅에 사는 자들에게 화, 화, 화가 있으리니 이는 세 천사들이 불어야 할 나팔 소리가 남아 있음이로다 하더라"(계 8:13).

셋째, 십사만 사천의 반열에 들어가는 은총이다.

"또 내가 보니 보라 어린양이 시온산에 섰고 그와 함께 십사만 사천이 서 있는데 그들의 이마에는 어린양의 이름과 그 아버지의 이름을 쓴 것이 있더라"(계 14:1).

주님은 기도하는 자에게 예비하신 것을 주신다. 지금은 기도할 때다. 주님 앞에 나아가 긍휼을 구하는 기도를 드리자. "그 고요함은 단 '반 시간' 뿐이었다"를 기억하면서 말이다.

9
무저갱이 열리다
계 9:1-6

무저갱이 열린다

요한계시록 9장 본문에는 무저갱이 등장한다. 블랙홀의 존재를 믿는 사람이라면 무저갱의 존재도 믿어야 한다. 성경은 무려 아홉 번이나 무저갱을 언급했으며 나아가 이 무저갱을 이렇게 구체적으로 묘사했다.

"그가 무저갱을 여니 그 구멍에서 큰 화덕의 연기 같은 연기가 올라오매 해와 공기가 그 구멍의 연기로 말미암아 어두워지며 또 황충이 연기 가운데로부터 땅 위에 나오매 그들이 땅에 있는 전갈의 권세와 같은 권세를 받았더라"(계 9:2-3).

'무저갱'(ἄβυσσος, 아비쇼스)은 무한히 깊은 구덩이, 심연, 측정할 수 없는 깊은 곳, 악마의 거처란 뜻을 갖고 있다. '그 구멍'(계 9:2), '그 구멍의 연기'(계 9:2), 즉 무저갱은 우선 거대한 구멍임을 알 수 있다. 끝없이 깊은 구덩이, 한번 떨어지면 그 무엇도, 그 누구도 영원히 빠져나올 수 없는 깊은 구덩이다(욥 7:9). 요한계시록 9장 2-3절의 큰 화덕, 연기(불을 연상케 함), 황충, 전갈 같은 묘사는 은유다. 무저갱을 무시무시하고 음산하게, 말로 형용할 수 없는 고통이 가해지는 곳으로 묘사한다. 이 사실을 알고 있었던 거라사의 군대 귀신이 뭐라고 주님께 간곡히 부탁했는가?

"무저갱으로 들어가라 하지 마시기를 간구하더니"(눅 8:31).

그런데, 그곳에 뭐가 갇혀 있는가?

"또 내가 보매 천사가 무저갱의 열쇠와 큰 쇠사슬을 그의 손에 가지고 하늘로부터 내려와서 용을 잡으니 곧 옛 뱀이요 마귀요 사탄이라 잡아서 천 년 동안 결박하여 무저갱에 던져 넣어 잠그고 그 위에 인봉하여 천 년이 차도록 다시는 만국을 미혹하지 못하게 하였는데 그 후에는 반드시 잠깐 놓이리라"(계 20:1-3).

미혹하는 존재들이다. 원수, 대적 마귀다. 사탄이다. 하나님과 원수 된 흑암의 세력들이다. 하늘로부터 쫓겨난 이들이 그곳에 갇혀 있다. 물론 일부는 지금 우리 곁에서 역사하고 있다. 하지만 대부분의 원수들은 이곳 무저갱에 갇혀 있다. 그런데 그 존재들이 잠깐 놓일 때가 있다(계 20:3). 성경은 '무저갱이 열릴 때가 있다'(계 9:2)고 표현한다. 그때가 언제인가?

"다섯째 천사가 나팔을 불매 그가 무저갱을 여니"(계 9:1-2).

다섯째 천사가 나팔을 불 때다. 그때 무저갱의 뚜껑이 열린다. 그러면 어떤 일이 일어나는가?

"내가 또 보고 들으니 공중에 날아가는 독수리가 큰 소리로 이르되 땅에 사는 자들에게 화, 화, 화가 있으리니 이는 세 천사들이 불어야 할 나팔 소리가 남아 있음이로다 하더라"(계 8:13).

여기 독수리는 하나님의 뜻을 전하는 존재다. 이 독수리가 "땅에 사는 사람들에게 화, 화, 화가 있을 것이다"라고 외치고 있다. 지금까지의 재앙은 대부분 자연에 대한 심판이었다. 하지만 이제부터는 땅에 사는 사람들, 즉 인간을 직접 심판하는 재앙이 임할 것이라고 예언한다. 그리고 그 심판은 혹독할 것임을 말한다. 어떤 자들이 주 타깃인가?

"이르시되 땅의 풀이나 푸른 것이나 각종 수목은 해하지 말고 오직 이마에 하나님의 인침을 받지 아니한 사람들만 해하라 하시더라"(계 9:4).

심판의 주 타깃은 땅에 사는 사람들 중에 "이마에 인침을 받지 아니한 자들"이다. "무저갱의 문이 잠시 열리자"(계 9:2) 그 속에 갇혀 있던 존재들, 타락한 천사, 마귀, 짐승, 거짓 선지자들과 같은 무시무시한 어둠의 세력들이 모두 쏟아져 나온다. 그 존재들이 제일 먼저 무엇을 하는가?

"그가 모든 자 곧 작은 자나 큰 자나 부자나 가난한 자나 자유인이나 종들에게 그 오른손에나 이마에 표를 받게 하고"(계 13:16).

무저갱에서 쏟아져 나온 어둠의 세력들이 사람들을 샅샅이 살핀다. 이마에 인이 있는지를 살핀다. 인을 맞았으면 넘어간다. 애굽의 죽음의 사자가 문 인방과 좌우 문설주에 피가 발라져 있으면 넘어갔듯이 넘어간다. 그런데 하나님의 인침을 받지 아니한 자에게는 어떻게 하는가? 그 이마에 짐승의 인을 친다(마 12:43-45). 그들에게 어떤 일이 일어나는가?

"그러나 그들을 죽이지는 못하게 하시고 다섯 달 동안 괴롭게만 하게 하시는데 그 괴롭게 함은 전갈이 사람을 쏠 때에 괴롭게 함과 같더라 그 날에는 사람들이 죽기를 구하여도 죽지 못하고 죽고 싶으나 죽음이 그들을 피하리로다"(계 9:5-6).

하나님의 인침을 받은 자의 표시

짐승의 인을 받은 자들은 죽기를 구하여도 죽지 못한다. 말세를 살아가는 사람들은 두 부류로 나눠진다. 하나는 인을 받은 사람, 즉 '하나님의 인을 이마에 받은 사람'이다. 또 하나는 인을 받지 아니한 사람, 즉 '짐승의 인을 받은 사람'이다. 짐승의 인을 받은 자는 말로 형언할 수 없는 고통 속에 거하게 된다. 우리는 확인해야 한다. 나는 하나님의 인침을 받았는가? 하나님의 인침을 받았는지 어떻게 확인할 수 있는가?

> "우리에게 인치시고 보증으로 우리 마음에 성령을 주셨느니라"(고후 1:22).
> "그 안에서 너희도 진리의 말씀 곧 너희의 구원의 복음을 듣고 그 안에서 또한 믿어 약속의 성령으로 인치심을 받았으니"(엡 1:13).
> "하나님의 성령을 근심하게 하지 말라 그 안에서 너희가 구원의 날까지 인치심을 받았느니라"(엡 4:30).

'성령'과 '인침'은 언제나 함께 등장한다. 성령이 우리에게 인쳐 주신다. 하나님의 영이 내 안에 '너는 내 아들이다. 내 딸이다'라며 인쳐 주시고, 보증해 주신다. 그래서 '인치심'과 '성령'은 항상 병렬을 이룬다. 성령의 지배를 받은 사람은 인침을 받은 자요, 십사만 사천에 속한 자요, 다섯째, 여섯째 나팔과 함께 임할 무시무시한 재앙에서도 안전하게 보호를 받게 될 자다. 하지만 성령으로 인침을 받지 못한 자는 형언할 수 없는 시련을 겪는다. 관건은 '성령'이다. 그렇다면 어떤 자에게 성령이 임하시는가?

"베드로가 이 말을 할 때에 성령이 말씀 듣는 모든 사람에게 내려오시니"(행 10:44).

말씀을 받을 때 성령이 임하신다. 말씀과 함께 성령이 역사하신다.

사랑하는 여러분!

5절에 등장하는 '다섯 달 동안'이란 기간이 눈길을 끈다.

"그러나 그들을 죽이지는 못하게 하시고 다섯 달 동안 괴롭게만 하게 하시는데"(계 9:5).

8장에서 우리는 '반 시간'에 주목한 적이 있다.

"일곱째 인을 떼실 때에 하늘이 반 시간쯤 고요하더니"(계 8:1).

30분. 이게 무슨 시간가? 하나님이 귀를 기울이시는 시간이다. 온 천지를 침묵 속에 빠뜨리시면서 자기 백성들이 올리는 기도에 귀를 기울이시는 시간이다. 그런데 이번에는 '다섯 달'이다. 이 다섯 달은 회개할 시간을 주시는 은총의 기간이다. 하나님은 우리로 하여금 회개할 시간을 주신다. 회개하고 하나님께 돌아오기를 원하신다. 그게 '다섯 달'이다. 회개하기에 충분한 시간이다. 째깍째깍 시계가 움직인다. 한 달, 두 달, 석 달, 다섯 달이 되면 문이 닫힌다. 아무리 두드려도 문은 열리지 않을 것이다(마 25:12).

　우리는 요한계시록을 대하면서 끔찍하기 그지없는 일들이 연속적으로 일어나는 것으로 힘들어하지 말아야 한다. 오히려 그 속에서 하나님의 무한하신 사랑, 인내, 긍휼을 발견할 수 있어야 한다. 회개의 기도를 들으시기 위해 온 세상을 '반 시간'이나 침묵 속에 빠뜨리시는 하나님, 인을 받지 못한 자일지라도 회개하고 돌아오기를 무려 '다섯 달' 동안이나 기다리시는 하나님의 모습을 발견할 수 있어야 한다. 아울러 나 또한 언제든지 하나님 앞에 서야 할 자임을 잊지 말고, 오늘 하나님 앞에 회개할 부분을 회개하고 하루, 한 달, 일 년을 마무리하는 주의 자녀들이 될 수 있기를 간절히 소원한다.

10
이 책을 먹어버리라
계 10:7-11

S.T.O.P 하라

언젠가 캐나다 토론토(Toronto) 근처에 위치한 옥빌(Oakvill)이라는 동네에 잠시 머문 적이 있다. 앞에는 온타리오 호수가 펼쳐지고 사방이 산으로 둘러싸인 조용하고 멋진 동네였다. 옥빌은 캐나다에서 살기 좋은 동네 10위안에 들어간다고 했다. 그곳에 이민을 와서 잘 정착하고 계시는 한 장로님이 멋진 산책코스를 알려주겠다고 하면서 나를 인근 산속으로 안내했다. 공기가 맑고 상쾌했다. 주변은 온통 푸르렀다. 나무가 울창하여 하늘이 잘 보이지 않았다. 그런데 산책길이 여러 갈래로 나눠졌다. 장로님이 말했다. "목사님, 잘 살피셔야 합니다. 산이 깊어 길을 잃어버리는 경우가 종종 있습니다. 어느 길로 가고 있는지 잘 확인하셔야 합니다. 어딘지 모르겠으면 왼쪽으로 난 길을 선택하십시오." 알려준 노하우 덕분에 산행을 잘 마쳤다.

다음날 새벽(언제나 '새벽기도' 시간에는 잠이 깨지 않는가?), 어제 갔던 산책코스가 떠올랐다. 렌트한 차를 몰고 그분이 소개해 준 그 산으로 향했다. 입구에 차를 세워두고 좌우를 확인을 하면서 산속 깊은 곳으로 들어갔다. 새벽이어서 공기가 더 신선했다. 1시간쯤 그렇게 걸었을까? 이제 돌아가야겠다고 생각하고 돌아서 나오는데, 그때부터 길이 헷갈리기 시작했다. 당황스러웠다. 핸드폰을 집에 두고 왔기에 누구에게 연락을 취할 수 없었고, 이른 시간이라 산책하는 사람도 만날 수 없었다.

순간 '윌리엄 폴 영'의 베스트셀러 소설 『오두막』이 떠올랐다. 주인공 매켄지는 자녀들을 데리고 왈로와 주립공원의 깊은 산속으로 캠핑을 갔다. 즐거운 시간을 보내고 집으로 돌아가기 전날 밤, 막내 미시가 사라졌다. 온 가족이 찾아 나섰다. 그런데 깊은 산속 어디에도 미시의 흔적을 찾을 수 없었다. 그날 내가 헤매던 산속은 왈로와 주립공원 못지않은 깊은 산속이었다. 그곳에서 얼마나 헤맸는지 모른다. 지금 생각해도 등골이 오싹하다.

이렇게 가볍게 산책에 나섰다가 길을 잃거나 실종되는 사람이 미국에서만 매년 수백 명이 나온다고 한다. 그래서 산이나 숲에서 길을 잃었을 경우 실천해야 할 네 가지 노하우가 생겼다. 그것은 S.T.O.P.이다. S(stop), T(think), O(observe), P(plan). 길을 잃었을 때 가장 먼저 걸음을 멈춰야 한다. 그리고 당황하지 말고 곰곰이 생각해야 한다. 그 다음 좌우를 관찰한 후, 차분히 계획을 세워야 한다. 그러면 조난되지 않고 살아 돌아올 수 있다.

우리는 요한계시록이라는 산속으로 들어왔다. 신기한 것들, 새로운 것들, 심지어 끔찍하기까지 한 여러 풍광들이 우리 앞에 펼쳐졌다. 이런 것들에 집중하다 보면 지금 우리가 어디쯤 와 있는지 가늠하기가 무척 헷갈린다. 이럴 때는 그야말로 S.T.O.P해야 한다. 잠시 서서 좌우를 살피며 곰곰이 생각하고, 어떤 것을 지나쳐 왔는지 정리해 봐야 한다.

다시 등장한 두루마리

요한계시록이란 산은 세 개의 큰 봉우리로 구성됐다. 첫째는 일곱 인의 재앙, 둘째는 일곱 나팔 재앙, 그리고 셋째는 일곱 대접 재앙이다. 우리는 어느새 일곱 인의 재앙을 거쳐 다섯째 나팔(계 9:1)과 여섯째 나팔(계 9:13)까지 통과했다. 이제 일곱째 나팔이 나타날 것이다(계 11:15). 여섯째 나팔과 일곱째 나팔 사이 가장 깊숙한 중심부인 10장에서는 어떤 일이 일어나는가?

"일곱째 천사가 소리 내는 날 그의 나팔을 불려고 할 때에 하나님이 그의 종 선지자들에게 전하신 복음과 같이 하나님의 그 비밀이 이루어지리라 하더라"(계 10:7).

일곱째 천사가 나팔을 불려 하니 하나님이 막으시며 말씀하신다.

"하늘에서 나서 내게 들리던 음성이 또 내게 말하여 이르되 네가 가서 바다와 땅을 밟고 서 있는 천사의 손에 펴 놓인 두루마리를 가지라"(계 10:8).

요한은 천사에게 나아가 작은 두루마리를 달라고 한다. 그때 천사가 두루마리를 주면서 뭐라고 하는가?

"내가 천사에게 나아가 작은 두루마리를 달라 한즉 천사가 이르되 갖다 먹어 버리라 네 배에는 쓰나 네 입에는 꿀 같이 달리라 하거늘"(계 10:9).

요한은 산속 깊숙한 곳까지 들어와 지치고 허기진 상태다. 그래서 하나님께서 휴식을 취하도록 해주시고, 재충전 할 수 있는 양식을 공급해 주신다. 광야를 걸어가던 이스라엘에게 만나와 메추라기를 내려주셨듯이 요한계시록이란 깊은 숲속에 들어와 있는 사도 요한에게 뭔가를 공급해 주신다. 양식이 뭔가? 두루마리다. 두루마리는 어디서 처음 등장하는가?

"내가 보매 보좌에 앉으신 이의 오른손에 두루마리가 있으니 안팎으로 썼고 일곱 인으로 봉하였더라"(계 5:1).

이때 요한은 인봉된 두루마리를 뗄 자를 찾지 못해서 울었다. 그러자 유다지파의 사자, 다윗의 뿌리가 나타나 인을 떼셨다(계 5:5). 그래서 인봉된 두루마리가 펴졌고, 그 안에 기록된 심판과 구원의 역사가 착착 진행되기 시작했다. 바로 이 두루마리가 10장에서 다시 등장한다.

"이에 예레미야가 네리야의 아들 바룩을 부르매 바룩이 예레미야가 불러 주는 대로 여호와께서 그에게 이르신 모든 말씀을 두루마리 책에 기록하니라"(렘 36:4).
"너는 들어가서 내가 말한 대로 두루마리에 기록한 여호와의 말씀을 금식일에 여호와의 성전에 있는 백성의 귀에 낭독하고 유다 모든 성읍에서 온 자들의 귀에도 낭독하라"(렘 36:6).
"그 때에 내가 말하기를 내가 왔나이다 나를 가리켜 기록한 것이 두루마리 책에 있나이다"(시 40:7).

이 두루마리가 무엇인가? 성경, 하나님의 말씀이다. 인쇄술이 발달하지 못한 그 시대에는 하나님의 말씀을 두루마리에 기록했다. 물론 다른 인쇄물도 두루마리에 기록했지만, 여기 언급된 두루마리는 하나님의 말씀, 곧 성경을 가리킨다. 이 말씀은 두루마리를 어떻게 하라고 하시는가?

"천사의 손에 펴 놓인 두루마리를 가지라"(계 10:8).
"갖다 먹어 버리라"(계 10:9).
"내가 천사의 손에서 작은 두루마리를 갖다 먹어 버리니 내 입에는 꿀 같이 다나 먹은 후에 내 배에서는 쓰게 되더라"(계 10:10).

이는 말세를 살아가는 우리가 말씀을 어떻게 대해야 하는지 알려 준다.

첫째, 두루마리를 가지라

말씀을 능동적으로 대해야 한다. 베뢰아 사람들은 말씀을 받은 후, 말씀을 덮어놓지 않았다. 날마다 말씀을 상고했다(행 17:10). 주님은 바로 이와 같은 태도를 취하라고 말씀하신다.

둘째, 두루마리를 갖다 먹어버리라.

어린아이가 젖꼭지를 물 때 독이 있는지 살피지 않는 것처럼 말씀을 조금도 의심하지 말라는 뜻이다.

셋째, 두루마리가 배에서는 쓰더라.

말씀에 대한 실천을 강조하는 말이다. 말씀을 입으로 소리 내는 것에서 그치지 말아야 한다. 배로 넘겨야 한다. 소화시켜야 한다. 그래야 내가 영적으로 건강하게 성장할 수 있다. 사실 말씀을 말씀대로 실천하는 것은 고통스러운 일이다. 그럼에도 듣는 것으로, 읽는 것으로 멈추면 안 된다. 배로 넘겨야 한다. 실천해야 한다.

"자유롭게 하는 온전한 율법을 들여다보고 있는 자는 듣고 잊어버리는 자가 아니요 실천하는 자니 이 사람은 그 행하는 일에 복을 받으리라"(약 1:25).

말씀을 받은 대로 실천하는 것은 무척 어렵다. 오 리를 가자고 하면 십 리를 가란다. 겉옷을 달라 하면 속옷까지 주란다. 원수를 네 몸과 같이 사랑하란다. 이게 쉬운 일인가? 입으로 읽고, 듣고, 외우기까지는 쉽다. 하지만 그 말씀이 육화돼 완전히 내 것이 되는 과정은 무척 고통스럽고 힘들다. 그래서 "내 주를 가까이하게 함은 십자가 짐 같은 고생이냐"라고 찬양하지 않는가? 하지만 말씀을 내 삶의 현장에서 실천할 때 우리는 요한계시록이란 산을 넘어설 수 있다. 영적으로 건강한 성장을 이룰 수 있다.

말씀을 먹으라

말씀을 먹는다는 것은 어떤 뜻일까?

첫째, 말씀과 하나가 되는 것을 뜻한다.

"말씀이 육신이 되어 우리 가운데 거하시매 우리가 그의 영광을 보니 아버지의 독생자의 영광이요 은혜와 진리가 충만하더라"(요 1:14)

우리 주님은 말씀과 하나가 되셨다. 말씀이 곧 주님이셨고, 주님이 곧 말씀이셨다. 말씀이신 주님은 이 세상에서 악한 세력과 어둠의 권세를 이기셨다. 당당히 물리치셨다.

둘째, 말씀의 인도를 받는 것을 뜻한다.

성경을 보면 "말씀이 내게 임하여 이르시되"(계 20:2)란 표현이 수없이 등장한다. 아브라함, 이삭, 야곱, 모세, 에스겔, 다니엘… 그들은 모두 말씀의 인도를 받았고, 승리했다.

"주의 말씀은 내 발에 등이요 내 길에 빛이니이다"(시 119:105).

셋째, 말씀을 많이 상고한다는 뜻이다.

"이 율법책을 네 입에서 떠나지 말게 하며 주야로 그것을 묵상하여 그 안에 기록된 대로 다 지켜 행하라 그리하면 네 길이 평탄하게 될 것이며 네가 형통하리라"(수 1:8).

사랑하는 여러분!

성찬식에서 나누는 떡과 포도주는 주님을 뜻한다. 주님이 무엇인가? 말씀이시다. 그러므로 떡과 포도주를 먹는 것은 말씀이신 주님을 먹는 것을 뜻한다. 이 말씀을 먹으므로 주님과 하나가 되는 신비를 맛볼 수 있기를 바란다. 주님의 인도하심을 받는 은혜가 있기를 바란다. 말씀을 더욱 가까이하며 상고하는 은혜가 있기를 소원한다. 비록 말씀을 실천하기는 힘들지만, 순종하는 자들은 그리스도의 장성한 분량까지 이르는 은총을 맛보게 될 것이다.

11
'시나리오' 그대롭니다
계 11:1-8

언젠가 대학로에 '베데스다 못가'를 배경으로 한 연극, "I Know You"(이민욱 연출)라는 작품이 올라온 적이 있었다. 오래전에 본 연극이지만. 아직까지 생생하게 기억한다. 무척 감명 깊었기 때문이다.

주인공 아비훗은 태어날 때부터 꼽추였다. 몸이 불편했던 그는 베데스다 못가에서 물이 동하기를 기다리는 수많은 환자들을 상대로 자릿세를 뜯어먹고 살았다. 사람들은 이런 아비훗을 벌레 보듯 피했다. 그러던 어느 날이었다. 아비훗은 똘마니로부터 38년 된 한 병자가 '예수'라는 자로부터 고침을 받고, 집으로 돌아갔다는 소식을 전해 들었다. 계속 들려오는 소문에 마음이 흔들린 그는 직접 예수를 찾아갔다. 그리고 아비훗은 지긋지긋한 고질병인 꼽추를 깨끗이 고침 받는다.

그런데 그 후에도 남의 돈을 갈취하는 것은 고치지 못했다. 돈이 있어야 감옥에 갇혀 있는 동생을 석방시킬 수 있었기 때문이다. 아비홋은 갈취한 돈을 들고 대제사장 가야바를 찾아가서 동생을 석방 시켜 달라고 사정했다. 가야바는 '예수'라는 자를 십자가에 못 박아 죽일 수 있는 확실한 건수를 하나 물어오기만 하면, 동생을 특별사면 시키겠다고 했다.

그때부터 그는 예수를 십자가에 못 박아 죽일 건수를 찾아 나섰다. 사람들을 선동하기도 하고, 총독 빌라도를 찾아가서는 예수를 사형시켜야 한다고 강변하기도 했다. 아비홋의 노력 끝에 드디어 그 예수가 십자가를 지고 골고다를 오르게 됐다. 마침내 그가 예수를 돌로 치려한 순간이었다. 바로 그 순간에 그는 예수의 눈빛과 마주했다. 그 눈빛은 무엇보다 평온했고, 부드러웠다. 따뜻한 사랑과 용서의 말을 가득 담고 계셨다. 돌을 들어 치려했던 아비홋은 마치 고압 전기에 감전된 듯 그 자리에 멈춰 섰다. 아무것도 할 수가 없었다. 그 예수의 눈빛에 담긴 한 마디는 "I know You"였기 때문이다. "내가 너를 안다." 그때 비로소 아비홋은 자신이 얼마나 엄청난 죄를 지었는지 깨달았다. 그래서 회개하며 고백했다.

"주님은 나를 아십니다… 내 아우 므낫세도 알고, 여기 모인 우리 모두를 다 아십니다. 지금도 그분은 삶에 고단한 우리들의 어깨를 두드리시며 끊임없이 말씀하십니다. 내가 너를 안다. 내가 너를 잘 안다. 내가 너를 너무도 잘 안다… 사랑하는 자여! 내가… 너를 안다… 아이 노 유(I Know you)…"

1시간 반에 걸친 연극의 막은 이렇게 내려갔다. 자리에서 일어설 수 없었다. 주님이 나를 알고 계신다는 그 음성, 사랑한다는 그 나지막한 음성이 가슴 깊숙한 곳을 찔렀기 때문이다.

이 연극에서 나는 도전 받았다. 하나는 '배우 한 사람이 어떻게 저렇게 많은 역을 맡을 수 있는가?'이다. 배우는 혼자서 주인공 꼽추 아비훗 역, 대제사장 가야바 역, 헤롯왕 역, 총독 빌라도 역, 변화된 아비훗 역, 심지어 예수님 역까지 1인 6역을 다 소화했다. 1인 2역은 가끔 있다. 그런데 1인 6역은 좀체 볼 수 없다. 더군다나 캐릭터가 완전히 다르지 않는가? 극과 극이다. 그런데 혼자서 그 인물들을 다 소화했다. 혀를 내두를 정도였다. 특히 예수님으로 분장한 그가 "I Know You" 할 때는 마치 주님의 음성이 들리는 듯 했다.

또 하나는 '그 많은 대사를 어떻게 다 외웠는가?'다. 배우는 당시 70대 중반이었다. 그런 그가 그 많은 대사를 어떻게 다 외우고 소화했을까? 1인 6역의 이 배우는 '뼛속까지 배우'라는 별명을 가진 우리 교회 양택조 집사님이다.

그래서 며칠 전 양택조 집사에게 전화했다. 그리고 "I Know You" 이야기를 꺼내고 물었다. "집사님, 혹시 그때 집사님 마음대로, 생각나는 대로 대사를 적당히 하신 것 아니에요?" 그는 힘주어 답했다. "그럴 리가 있습니까? 시나리오 그대롭니다. 내 뜻, 내 생각 한 자도 가미하지 않았습니다. 단 이어폰으로 그 다음 해야 할 대사들을 알려줄 때는 있었습니다. 하지만 분명한 것은 시나리오 그대로였습니다." 수화기를 내려놓는 나의 귀에 그의 한 마디가 생생히 꽂혔다. "시나리오 그대롭니다." 그는 작가가 쓴 그대로, 연출가가 지시하는 그대로 무대 위에서 아비훗, 빌라도, 헤롯, 가야바, 예수 역을 수행했다. 그래서 그 한 마디를 오늘 설교 제목으로 잡았다. "시나리오 그대롭니다."

하나님이 원하시는 시나리오

오늘은 요한계시록 11장이다. '지팡이 같은 갈대'(계 11:1), '마흔두 달'(계 11:2), '천이백육십 일'(계 11:3), '두 감람나무', '두 촛대'(계 11:4)가 무슨 뜻일까? 옥스퍼드 대학의 톰 라이트 교수는 요한계시록을 깊이 연구한 학자로 유명하다. 그가 그의 주석 『모든 사람을 위한 요한계시록』에서 요한계시록 11장을 이렇게 평가하고 있다.

"사람들이 난해하게 여기는 책이 참 많다. 하지만 그중에서도 성경은 가장 난해한 책이다. 성경의 많은 부분을 난해하게 여기지만, 계시록은 그중에서도 가장 난해한 책으로 간주된다. 난해한 계시록 중에서 지금 우리 앞에 놓인 계시록 11장, 특히 전반부야말로 가장 난해한 부분이다."

성경을 깊이 연구한 석학이 11장에 내린 평가를 보면 이 부분이 성경에서 가장 난해한 부분임이 틀림없다. 그래서 가능하면 쉽게 풀어 보려고 몸부림을 쳤다. 어떻게 이 어려운 부분을 쉽게 전할 수 있을까? 아내도 말했다. "그게 어렵겠지만 성도들은 신학도도 아니지 않는가? 예배를 마치고 돌아갈 때는 뭔가 하나를 붙잡고 돌아갈 수 있는 메시지였으면 좋겠다"(고전 14:19). 기도하면서 읽고 또 읽는 중에 뭔가가 희미하게 보이기 시작했다. 바로 시나리오다. 하나는 우리 인간이 선호하는 시나리오, 또 하나는 하나님이 원하시는 시나리오다. 우리는 우리가 원하는 대로 대본을 자꾸 수정하려고 한다. 하지만 연출자이신 하나님은 우리가 따르고 실천해야 할 대본을 우리 손에 쥐어 주신다.

우리가 원하는 시나리오가 있다. 그 시나리오는 요한계시록 11장 3-6절이다. 땅 위에 살면서 "권세를 받아", "예언도 하고"(계 11:3) 그 과정에서 "입에서 불이 나오기도 하고", "원수를 삼켜버리기도 하고"(계 11:5), "권능을 가지고 하늘을 닫아 예언을 하면 땅에 비가 오지 못하게 하고"(계 11:6). 누가 떠오르는가? 그렇다. 엘리야다. "또 (다른) 권능을 가지고", "물을 피로 변하게 하고 아무 때에든지 원하는 대로 여러 가지 재앙으로 땅을 치는"(계 11:6). 여기에서는 누가 떠오르는가? 모세다. 엘리야와 모세 같은 삶을 살다가 11절 이하의 부활과 승리, 그로 인해 13절에 펼쳐지는 영광의 자리로 나아가는 시나리오다. 이것이 우리가 원하는 시나리오다.

우리는 중간에 있는 고난은 건너뛰고, 이 세상에서 호기롭게, 힘 있게, 행복하게, 업적까지 남기고 살다가 부활의 새 아침을 맞이하고 싶어 한다. 무슨 일을 만나든지 만사형통하기를 원한다. 그래서 기도한다. "주님께서 이미 우리를 위하여 힘한 십자가를 지시지 않았습니까? 이미 나 대신 고난을 당하지 않았습니까? 그러므로 당신이 가진 힘과 능력으로 우리가 고난과 핍박, 실패, 연약함, 가난함, 병듦, 멸시와 조롱, 짓밟힘, 무시, 손가락질을 모르는 삶을 살 수 있게 해 주십시오. 머리가 될지언정 꼬리가 되지 않게 해 주십시오. 위에만 있게 해 주십시오." 이것이 우리가 원하는 시나리오다. 이런 시나리오가 믿지 않는 사람들을 교회 안으로 끌어들이는데 훨씬 수월할 것이다. "봐라! 주님을 믿으니 저렇게 잘 되지 않느냐? 너도 교회 안으로 들어와, 예수를 구주로 영접해. 그러면 잘 될 거야."

이런 신학이 바로 '영광의 신학'이다. 오직 영광만을 누리고, 영광만을 쫓고, 영광만을 추구하는 신학이다. '예수 믿으면 팔자 고친다.' 여기에 초점을 맞춘다. 이게 우리가 원하는 시나리오다. 그 특징이 무엇인가? 고난과 환난, 시련을 건너뛴다. 고난 없는 생애, 고난이 뭔지도 모르는 나날을 살아가려는 간절함이 이 시나리오에 새겨져 있다.

그러나 하나님의 시나리오는 어떤가? 바로 요한계시록 11장 7-10절이다. 이 시나리오는 우리가 원하는 시나리오와 근본적으로 다르다. 가장 확실하고 분명한 차이는 권능을 행하고, 부활, 승리 그리고 영광으로 나아가는 길목에서 7-10절을 건너뛰어서는 안 된다는 점이다. 그럼 7-10절이 무엇인가? '무저갱으로부터 올라오는 짐승'을 만난다(계 11:7). '전쟁이 벌어진다. 죽임을 당한다. 시체로 변해 길에 널브러져 있다. 소돔성에 내린 불과 유황, 애굽에 내린 10가지 재앙, 십자가에 못 박히는 고난과 핍박'을 만난다(계 11:8), '무덤에도 장사 지내지지 못하는 신세가 된다'(계 11:9), '원수들의 조롱과 기쁨거리가 된다'(계 11:10). 이런 기막힌 상황이 하나님이 쓰신 시나리오에 들어 있다. 하나님은 이런 시나리오를 쓰신다. 그분이 주시는 시나리오 가운데 고난이 빠지거나 고난을 건너뛴 시나리오는 없다.

"우리가 하나님의 나라에 들어가려면 많은 환난을 겪어야 할 것이라"(행 14:22).

하나님의 시나리오의 이유

하나님이 '고난'이란 시나리오를 고집하시는 이유는 두 가지 때문이다.

첫째, 영광에 참여토록 하기 위함이다.

"그러나 내가 가는 길을 그가 아시나니 그가 나를 단련하신 후에는 내가 순금 같이 되어 나오리라"(욥 23:10).

환난의 과정을 통과하지 않고는 하나님 나라에 입성하지 못한다. 고난의 용광로에 들어가지 않고는 절대 순금이 될 수 없다. 환난은 있어도 되고, 없어도 그만인 무엇이 아니다. 좋은 것도, 즐거운 것도 아니지만, 환난의 과정이 꼭 필요하기에 반드시 이 과정을 시나리오에 집어 넣으신다.

둘째, 증인으로 살아가도록 하기 위함이다.

"너희 중 장로들에게 권하노니 나는 함께 장로 된 자요 그리스도의 고난의 증인이요 나타날 영광에 참여할 자니라"(벧전 5:1).

여기 장로들이 누구인가? 여기 '장로'는 '대표성'을 의미한다. 그러므로 우리는 다 장로의 반열에 있다. 우리는 이 길을 걸어가야 한다. 고난이란 시나리오를 주시는 이유는 '증인'의 사역과 관계가 깊다. 다른 이들의 영적 출생과 성장을 위해서 고난이란 시나리오를 넣으셨다. 주님은 영광의 증인으로 드러나기 전에 반드시 고난의 증인으로 살아야 한다고 말씀한다. 언뜻 생각하면 복음 전파를 위해서는 먼저 믿는 자들이 능력과 영광의 길을 걸어야 할 것 같다. 그러나 전혀 그렇지 않다. 세상에 진정한 충격을 주는 것은 능력과 기적이 아니다. 오히려 세상은 고난의 자리에서 견디고, 핍박의 자리에서 그리스도를 붙잡고, 고통의 자리에서 십자가를 붙잡고 서 있는 모습을 볼 때 충격을 받는다. 그리고 묻는다. "어떻게 그 길을 걸어갈 수 있느냐?" 그때 우리는 내 안에 있는 것이 무엇인지, 누가 우리를 강하게 하시며 힘 있게 하시는지, 우리의 기반이 어디 있는지를 말해야 한다. 세상보다 더 크고 위대하신 분이 우리 안에서 우리를 붙잡고 계심을 보여줘야 한다.

"너희 마음에 그리스도를 주로 삼아 거룩하게 하고 너희 속에 있는 소망에 관한 이유를 묻는 자에게는 대답할 것을 항상 준비하되 온유와 두려움으로 하고"(벧전 3:15).

그러므로 우리는 고난의 장(章)이 주어졌을 때 기쁨으로 감당해야 한다. 훗날 양택조 집사님께 한 번 더 전화를 드렸다. "혹시 'I Know You' 대본을 보관하고 있으신지요?" "있고 말구요. 이 대본

만은 보관하고 있습니다." "잠시 좀 빌려주실 수 있으신지요?" 나는 "I Know You" 시나리오 원본을 빌렸다. 대본을 받아드니 가슴이 먹먹해졌다. 그가 언젠가 내가 했던 설교를 표지에 적어 놓았기 때문이다. "야곱의 점 있고 아롱진 꿈! 주님 감사합니다. 제게 큰 꿈을 주셔서…" 그는 이 말씀을 붙잡고 달려들었다.

꼽추 배역을 보고 '이런 배역은 하기 싫어. 나에게 이런 대본을 주다니. 내가 어떤 존재인데'라고 생각하고, 헤롯대왕 배역을 보고 '내가 평생 쌓아온 이미지는 이렇지 않아. 하지 않을래'라고 생각하며 시나리오를 적당히 각색하고, 교정해 무대에 선 배우를 진정한 배우라고 할 수 있겠는가? 꼽추 역이면 등에 소품을 넣고 등을 굽혀야 한다. 헤롯 역이면 야비하고, 좁쌀스러운 표정을 해야 한다. 최선을 다해 주어진 역을 감당해야 한다.

아비홋 : 주님의… 그 눈빛은… 그래, 분명히 "내가 너를 안다"라고 말씀하고 계셨어. "내가 너를 안다. 아비홋, 내가 너를 안다… 나는 너를 다 안다…가엾은 아비홋! 내가 너의 모든 것을 안다. 내가 너를 잘 안다. 내가 너를 너무도 잘 안다…."

대본 곳곳에 그의 열정이 고스란히 담겨 있었다. 강조해야 할 부분, 멈춰야 할 부분, 탄식하고 울어야 할 부분, 자빠져야 할 부분 등 연기할 때 주의해야 할 점을 자세하게 기술하고 있었다. '뼛속까지 배우'라는 별명대로였다.

"사랑하는 자여! 내가…너를 안다…. '아이 노우 유'(I Know you)…."

사랑하는 여러분!

우리 앞에 두 권의 시나리오가 놓여 있다. 하나는 '고난'이라는 시나리오, 다른 하나는 '영광'이라는 시나리오다. 어떤 시나리오를 원하는가? 고난이라는 시나리오를 덥석 취할 자가 있을까?

바울은 고난이라는 시나리오를 취했을까? 육체의 가시가 주어졌을 때, 제발 이것 좀 제거해 달라고 세 번이나 간절히 기도했다. 고난이라는 시나리오를 싫어했다. 하지만 하나님이 "내 은혜가 네게 족하다" 했을 때 그 시나리오를 자기 것으로 받아들였다. 약한 데서 온전하여진다는 사실을 알았기 때문이다. 바울만 그러했는가? 예수님은 어떠하셨는가?(눅 22:42) "아버지여 할 만하시거든 이 잔을 내게서 옮기시옵소서." 예수님은 고난을 기쁘게 받아들이셨는가? 아니다. 하지만 "예스"했다.

"하나님의 약속은 얼마든지 그리스도 안에서 예가 되니 그런즉 그로 말미암아 우리가 아멘 하여 하나님께 영광을 돌리게 되느니라"(고후 1:20).

하나님도 "예스", 예수님도 "예스", 바울 사도도 "예스"했다. 그러므로 우리 또한 어떤 경우에도 "예스"해야 한다. 꼽추 아비홋 역, 헤롯 역, 빌라도 역, 가야바 역일지라도 "예스"해야 한다. 한 달란트면 한 달란트 대로, 두 달란트면 두 달란트 대로, 다섯 달란트면 다섯 대로 살아야 한다. 마지막 심판대 앞에서 "시나리오 그대로 살았습니다"라고 고백했을 때, 하나님은 우리를 이렇게 칭찬하실 것이다.

"잘하였도다 착하고 충성된 종아 네가 적은 일에 충성하였으매 내가 많은 것을 네게 맡기리니 네 주인의 즐거움에 참여할지어다"(마 25:21).

이것이 오늘을 살아가는 우리에게 요한계시록 11장을 통해 주시는 영적인 메시지라는 것을 확신한다.

12
전쟁터
계 12:13-17

주님께서는 말세가 되면 나타날 여러 가지 징조를 말씀하셨다. 그중에 하나가 '난리와 난리 소문'이다(마 24:6). 이 말씀대로 지구촌에 난리와 분쟁 그리고 전쟁이 현재까지 끊이지 않고 있다. 지금 이스라엘과 팔레스타인의 분쟁, 러시아와 우크라이나의 전쟁이 벌어지고 있지만, 사실 어디에서 전쟁이 벌어져도 이상하지 않다.

하늘 전쟁

한편, 여기도 전쟁이 터졌다.

"하늘에 전쟁이 있으니 미가엘과 그의 사자들이 용과 더불어 싸울새 용과 그의 사자들도 싸우나"(계 12:7).

바로 '하늘 전쟁'이다. 선을 대표하는 미카엘과 악을 대표하는 용이 하늘에서 전쟁을 벌였다. 이 전쟁에서 패한 용이 하늘에서 땅으로 내쫓겼다. 땅으로 내쫓긴 용은 무엇을 했는가?

"용이 자기가 땅으로 내쫓긴 것을 보고 남자를 낳은 여자를 박해하는지라"(계 12:13).
"여자의 뒤에서 뱀이 그 입으로 물을 강 같이 토하여 여자를 물에 떠내려가게 하려 하되"(계 12:15).

땅으로 내쫓긴 용은 여자를 대상으로 전쟁을 일으켰다. 물을 강 같이 토하여 여자가 그 강물에 떠내려가게 하려 했다.

"하늘에 큰 이적이 보이니 해를 옷 입은 한 여자가 있는데 그 발 아래에는 달이 있고 그 머리에는 열두 별의 관을 썼더라 이 여자가 아이를 배어 해산하게 되매 아파서 애를 쓰며 부르짖더라"(계 12:1-2).

여자는 발 아래 달을 두고, 열두 별의 관을 쓰고 있었다. 여자는 무엇을 상징할까? 영광스런 하나님의 교회, 주님께서 피로 값 주고 세우신 교회를 뜻한다. 하나님의 교회가 비록 땅 위에서는 초라하고, 보잘것없는 것처럼 보여도 주님께서는 교회를 그렇게 보지 않으신다. 영광스런 당신의 신부로 바라보신다. 그런데 그 여자가 아이를 해산하려 한다. 그때 용이 다시 나타나 해산하려는 여자를 주시한다. 여자가 낳은 아이를 삼키려고 한다(계 12:4). 여자가 교회라면 이 아이는 '장차 철장으로 만국을 다스릴 아이'(계 12:5), 곧 이 땅에 탄생하셔서 이 세상의 모든 죄인들을 구원하시고 만국을 다스릴 왕이요, 만유의 주이신 하나님의 아들 예수 그리스도를 뜻한다. 때문에 하늘에서 쫓겨난 용은 인류의 구원자가 탄생하는 것을 수단과 방법을 가리지 않고 방해한다. 어떻게 방해하는가? 사탄은 헤롯왕을 동원한다.

"이에 헤롯이 박사들에게 속은 줄 알고 심히 노하여 사람을 보내어 베들레헴과 그 모든 지경 안에 있는 사내아이를 박사들에게 자세히 알아본 그 때를 기준하여 두 살부터 그 아래로 다 죽이니"(마 2:16).

그때 사탄은 그 아이를 죽였다고 생각하고 마음을 놓았다. 2살 아래를 다 죽였으니 분명히 죽었으리라 생각했다. 그런데 어느 날, 저 요단강가에 한 분이 나타나신다. "나는 선한 목자라", "내가 곧 길이요 진리요 생명이니"라고 말씀하신다. 그분을 향하여 세례 요한은 이렇게 증언한다.

"보라 세상 죄를 지고 가는 하나님의 어린양이로다"(요 1:29).

여기에 놀란 어둠의 세력은 서기관, 바리새인, 헤롯왕, 대제사장 가야바, 총독 빌라도, 가룟 유다 심지어 군중까지 동원하여 그를 죽이려 했다. 군중은 삿대질을 하며 외쳤다. "십자가에 못 박으소서."

그래서 결국 그를 십자가에 못 박아 죽였다. 무덤 문을 막았고 로마의 권위로 인봉했다. 악이 승리한 듯 보였다. 하지만 사흘 후 그분이 살아나셨다. 뿐만 아니라 하늘에 오르사 하나님 보좌 우편에 앉으셨다. 성경은 이렇게 증언한다.

"그 아이를 하나님 앞과 그 보좌 앞으로 올려가더라"(계 12:5).

용이 하는 일

"큰 용이 내쫓기니 옛 뱀 곧 마귀라고도 하고 사탄이라고도 하며 온 천하를 꾀는 자라 그가 땅으로 내쫓기니 그의 사자들도 그와 함께 내쫓기니라"(계 12:9).

하늘 전쟁에서 패한 용은 자기를 변장한다. 카멜레온처럼 때로는 옛 뱀, 마귀, 사탄으로 자기를 변장한다. 그리고 세 가지 일을 한다.

첫째, 온 천하를 꾀는 일을 한다(계 12:9).

"뱀이 여자에게 물어 이르되 하나님이 참으로 너희에게 동산 모든 나무의 열매를 먹지 말라 하시더냐"(창 3:1).

둘째, 밤낮 참소하는 일을 한다(계 12:10).

"여호와께서 사탄에게 이르시되 네가 어디서 왔느냐 사탄이 여호와께 대답하여 이르되 땅을 두루 돌아 여기저기 다녀왔나이다"(욥 1:7).

셋째, 교회를 박해한다(계 12:13).

"그 날에 예루살렘에 있는 교회에 큰 박해가 있어 사도 외에는 다 유대와 사마리아 모든 땅으로 흩어지니라"(행 8:1).

특히 여인, 즉 하나님의 교회를 박해하는 일을 한다. 그런데 그때마다 어떤 일이 일어났는가?

첫째, 큰 독수리가 교회를 보호한다(계 12:14).

"그 여자가 큰 독수리의 두 날개를 받아 광야 자기 곳으로 날아가 거기서 그 뱀의 낯을 피하여 한 때와 두 때와 반 때를 양육 받으매"(계 12:14).

구약에서 독수리와 독수리 날개는 하나님의 강한 팔, 우리를 들어 올리시고 보호하는 팔을 상징한다(출 19:4; 신 32:11-12).

둘째, 광야가 교회를 양육한다(계 12:14).

"여자가 큰 독수리의 두 날개를 받아 광야 자기 곳으로 날아가 거기서 그 뱀의 낯을 피하여 한 때와 두 때와 반 때를 양육 받으매"(계 12:14).

광야는 외로운 곳, 가고 싶지 않은 곳이다. 하지만 그곳에서 우리는 하나님을 만나고, 하나님과 가까워진다. 광야를 거친 사람은 다듬어진 인격을 갖게 된다. 광야가 교회를 연단하고 키운다. 광야는 우리의 성숙을 위해 예비 된 곳이다.

셋째, 땅도 교회를 돕는다(계 12:16).

"땅이 여자를 도와 그 입을 벌려 용의 입에서 토한 강물을 삼키니"(계 12:16).

마지막으로 용이 교회를 쓸어버리려고 입을 벌려 강물을 쏟아낸다. 그런데 이마저도 실패한다. 땅이 그 강물을 다 삼켜 교회를 보존한다. 그래서 사탄은 하늘 전쟁에서 패한다. 교회와의 전쟁에서도 패한다. 그러자 사탄은 마지막 전쟁을 일으키려 한다. 누구를 대상으로 전쟁을 하려 하는가?

"용이 여자에게 분노하여 돌아가서 그 여자의 남은 자손 곧 하나님의 계명을 지키며 예수의 증거를 가진 자들과 더불어 싸우려고 바다 모래 위에 서 있더라"(계 12:17).

'그 여자의 남은 자손', '하나님의 계명을 지키는 자들', '예수의 증거를 가진 자들' 바로 예수를 믿는 '나'다. 마지막 시대에 믿음을 지키고 있는 '나'다. '나'와 전투를 벌이려고 사탄은 배수진을 친 채 모래 위에 버티고 서 있다. 그 사탄은 지금 '나'를 응시하고 있다.

어떻게 마음을 지킬 것인가?

사탄이 나의 어느 부분을 응시하고 있을까? 우리의 영적 급소는 어디인가? 사탄은 에덴동산에서 인간을 이긴 적이 있다. 그때 아담은 사탄에게 자기 마음을 열어주었다. 그래서 인간은 사탄의 종노릇을 하게 되었다. 그때부터 사탄은 인간을 공격할 때 언제나 마음을 주시한다. 그곳을 공격하려고 호시탐탐 노린다. 한번 이긴 전력이 있기 때문이다. 그렇잖은가? 상대와 싸움을 할 때, 우리는 언젠가 승리를 가져온 기술을 떠올린다. 그 기술로 다시 상대를 넘어뜨리려 한다. 마찬가지다. 사탄은 인간의 마음을 공격해 이겼다. 그래서 아담의 후손을 공격할 때는 언제나 마음을 노린다.

> "너희가 그것을 먹는 날에는…하나님과 같이 되어 선악을 알 줄 하나님이 아심이니라"(창 3:5).
> "베드로가 이르되 아나니아야 어찌하여 사탄이 네 마음에 가득하여 네가 성령을 속이고 땅 값 얼마를 감추었느냐"(행 5:3).
> "조각을 받은 후 곧 사탄이 그 속(마음)에 들어간지라"(요 13:27).
> "예수께서 돌이키시며 베드로에게 이르시되 사탄아 내 뒤로 물러가라 너는 나를 넘어지게 하는 자로다"(마 16:23).

그러므로 지혜자는 충고한다.

"모든 지킬 만한 것 중에 더욱 네 마음을 지키라 생명의 근원이 이에서 남이니라"(잠 4:23).
"또한 사람들이 하는 모든 말에 네 마음을 두지 말라 그리하면 네 종이 너를 저주하는 것을 듣지 아니하리라"(전 7:21).
"내 아들아 네 마음을 내게 주며 네 눈으로 내 길을 즐거워할지어다"(잠 23:26).

우리는 마음을 지켜야 한다. 어떻게 마음을 지킬 것인가?

첫째, 믿는 자들과 함께해야 한다.

혼자는 위험하다. 사탄은 하와가 혼자 있을 때 접근하여 유혹했다.

"뱀이 여자에게 물어 이르되 하나님이 참으로 너희에게 동산 모든 나무의 열매를 먹지 말라 하시더냐"(창 3:1).

그러므로 믿는 자들과 함께해야 한다.

"믿는 사람이 다 함께 있어 모든 물건을 서로 통용하고"(행 2:44).
"이는 이방인들이 복음으로 말미암아 그리스도 예수 안에서 함께 상속자가 되고 함께 지체가 되고 함께 약속에 참여하는 자가 됨이라"(엡 3:6).

둘째, 말씀으로 충만해야 한다.

예수님이 홀로 금식기도하실 때, 사탄은 예수님께 접근했다. 혼자 있으니 넘어뜨릴 수 있다고 생각했기 때문이다. 가장 간교한 음성으로, 예수님을 위하는 척하며 말했다. "배고프지, 얼마나 배고플까? 40일 동안 먹지 않았으니…돌로 떡을 만들어 먹어." 그때 주님은 말씀으로 사탄을 물리치셨다. "기록되었으되"(마 4:4, 7, 10). 즉 말씀으로 물리치셨다.

"그리스도의 말씀이 너희 속에 풍성히 거하여 모든 지혜로 피차 가르치며 권면하고 시와 찬송과 신령한 노래를 부르며 감사하는 마음으로 하나님을 찬양하고"(골 3:16).

셋째, 고백하는 삶을 살아야 한다.

믿는 사람들은 주의 군사니…
원수 마귀 모두 쫓겨 가기는 예수 이름 듣고 겁이 남이라
- '믿는 사람들은 주의 군사니'(새찬송가 351장)

기독교는 고백의 종교다. 그런데 고백하면 입술로의 고백만 떠올린다. 아니다. 삶의 현장에서도 고백할 수 있다. 복음을 전하고, 어려운 사람을 돕고, 찬양하고, 예배에 참석하는 것. 내가 아는 한 목사님은 항상 성경을 손에 들고 나타났다. 어디에서나 성경을 손에서 놓지 않았다. 이것이 고백이고, 마귀를 대적하는 방법이다.

"마귀를 대적하라 그리하면 너희를 피하리라"(약 4:7).

사랑하는 여러분!

전쟁할 때는 나의 위치를 정확히 알아야 한다. 나는 어디에 있는가?

"네가 어디에 사는지를 내가 아노니 거기는 사탄의 권좌가 있는 데라"(계 2:13).

사탄은 모래사장에 떡 버티고 서 있다. 그리고 나는 사탄의 힘이 강력하게 미치는 위치에 서 있다. 뒤에는 검푸른 파도가 넘실거리는 바다가 있다. 더 이상 물러설 곳이 없다. 베드로는 이렇게 권면한다.

"근신하라 깨어라 너희 대적 마귀가 우는 사자 같이 두루 다니며 삼킬 자를 찾나니 너희는 믿음을 굳건하게 하여 그를 대적하라 이는 세상에 있는 너희 형제들도 동일한 고난을 당하는 줄을 앎이라"(벧전 5:8-9).

어떻게 우리가 이 마귀와의 전투에서 이긴단 말인가?

첫째, 믿는 자들과 함께하라.
둘째, 말씀으로 충만하라.
셋째, 고백하는 삶을 살라.

사탄은 멀리서 두루 살피며 삼킬 자를 찾는다. 이러한 때에 믿는 자들과 함께해야 한다. 말씀으로 늘 충만해야 한다. 고백하는 삶을 살아야 한다. 이러한 주의 자녀들이 다 될 수 있기를 바란다. **나는 지금 전쟁터 한복판에 있다. 내 마음이 곧 전쟁터다.** 이 사실을 잊지 말기를 바란다.

13
총명한 자는 짐승의 수를 헤아린다

계 13:11-18

주석가 윌리엄 바클레이, 21세기의 C.S. 루이스라 불리는 톰 라이트 박사는 "이 요한계시록 13장이야말로 계시록의 중심이요, 진수다. 특히 계시록 13장의 마지막 절은 요한계시록에서 가장 유명한 구절 가운데 하나다. 이 구절은 그 어떤 것보다 중요한 패러다임을 제시한다"고 말했다. 그만큼 13장은 관심과 논쟁의 장이다. 집중하자.

요한계시록 13장은 12장의 연장선상에 있다. 12장에서는 교회를 상징하는 여자와 마귀를 상징하는 붉은 용이 하늘에서 치열한 전투를 벌였다. 전투에서 패한 용은 땅으로 내쫓겼다. 땅으로 내쫓긴 용은 어떻게 했는가?

"용이 여자에게 분노하여 돌아가서 그 여자의 남은 자손 곧 하나님의 계명을 지키며 예수의 증거를 가진 자들과 더불어 싸우려고 바다 모래 위에 서 있더라"(계 12:17).

사탄은 자기 때가 얼마 남지 않았다는 사실을 잘 알고 있다(계 12:12). 그래서 최후의 일전을 벌이기 위해 동원할 수 있는 모든 자원을 다 동원한다.

첫째, 바다에서 한 짐승을 불러올린다(계 13:1).

"내가 보니 바다에서 한 짐승이 나오는데 뿔이 열이요 머리가 일곱이라 그 뿔에는 열 왕관이 있고 그 머리들에는 신성 모독 하는 이름들이 있더라"(계 13:1).

둘째, 땅에서 또 다른 짐승을 불러올린다(계 13:11).

"내가 보매 또 다른 짐승이 땅에서 올라오니 어린양 같이 두 뿔이 있고 용처럼 말을 하더라"(계 13:11).

두 짐승의 공통점이 무엇인가?

"그의 머리 하나가 상하여 죽게 된 것 같더니 그 죽게 되었던 상처가 나으매 온 땅이 놀랍게 여겨 짐승을 따르고"(계 13:3).
"그가 먼저 나온 짐승의 모든 권세를 그 앞에서 행하고 땅과 땅에 사는 자들을 처음 짐승에게 경배하게 하니 곧 죽게 되었던 상처가 나은 자니라"(계 13:12).

이들은 죽게 된 상태에서 다시 살아난다. 예수님의 부활을 흉내 낸다. 어린양의 모습까지 갖춘다. 그러자 바다와 땅에 있는 피조물들이 그에게 경배한다. 하지만 자세히 보니 어떠한가? 일곱 머리를 가진 짐승들이 하나님을 모독하는 이름을 달고 있다. 이 짐승들은 어떤 존재인가? 요한계시록과 짝을 이루는 다니엘 7장은 이미 이 짐승들의 출현을 예언했다. 이들은 한결같이 삼위일체 하나님을 패러디한다. 용은 성부, 바다에서 올라온 짐승은 성자, 땅에서 올라온 짐승은 성령으로 둔갑한다. 이들은 성삼위 하나님이 하신 일들을 자신들도 할 수 있는 양, 이런저런 기적을 행함으로 믿음의 자녀들을 미혹한다. 삼위일체를 흉내 낸 사탄의 주된 업무는 무엇인가?

"그가 모든 자 곧 작은 자나 큰 자나 부자나 가난한 자나 자유인이나 종들에게 그 오른손에나 이마에 표를 받게 하고 누구든지 이 표를 가진 자 외에는 매매를 못하게 하니 이 표는 곧 짐승의 이름이나 그 이름의 수라 지혜가 여기 있으니 총명한 자는 그 짐승의 수를 세어 보라 그것은 사람의 수니 그의 수는 육백육십육이니라"(계 13:16-18).

666과 144,000

요한계시록에는 여러 숫자가 등장한다. 그중에서 가장 빈번하게 등장하며 중심을 잡아주는 숫자가 있다. 바로 일곱이다. 이 축을 중심으로 한쪽에는 144,000이라는 숫자가, 다른 한쪽에는 666이란 숫자가 자리 잡고 있다. 이번에 중점적으로 다룰 숫자는 666이다.

"지혜가 여기 있으니 총명한 자는 그 짐승의 수를 세어 보라 그것은 사람의 수니 그의 수는 육백육십육이니라"(계 13:18).

144,000과 666은 인침이라는 공통점이 있다.

"내가 인침을 받은 자의 수를 들으니 이스라엘 자손의 각 지파 중에서 인침을 받은 자들이 십사만 사천이니"(계 7:4).
"그가 모든 자 곧 작은 자나 큰 자나 부자나 가난한 자나 자유인이나 종들에게 그 오른손에나 이마에 표를 받게 하고"(계 13:16).

7장에서 살펴보았듯이 144,000의 인침은 구원과 깊은 관계가 있다. 하지만 666의 인침은 144,000의 인침과 다르다.

"누구든지 이 표를 가진 자 외에는 매매를 못하게 하니 이 표는 곧 짐승의 이름이나 그 이름의 수라 지혜가 여기 있으니 총명한 자는 그 짐승의 수를 세어 보라 그것은 사람의 수니 그의 수는 육백육십육이니라"(계 13:17-18).

우선 666의 인침은 짐승과 관련이 있음을 알 수 있다. 그럼 이 숫자가 의미하는 바는 정확히 무엇일까? 사실 역사적으로 666만큼 관심을 받고, 화제를 뿌리고 있는 숫자는 없을 것이다. 한때는 바코드를 666이라 했고, 신용카드가 666이라고 한 사람도 있었다. EU공동체를 666이라고 말하기도 했다. 요즘은 베리칩, 즉 생체 인식방법이 666이 틀림없다고 주장하기도 한다. 어느 쪽일까? 역사를 보면 사람들이 문자를 숫자로도 사용한 흔적을 엿볼 수 있다. 예를 들어 A=1, B=2, C=3 등등으로 문자에 값을 주고 그렇게 사용하기로 합의를 했다면 그 언어권에 속한 사람들은 123을 ABC라고 이해할 수 있다. 한글을 사용하는 우리가 ㄱ=1, ㄴ=2, ㄷ=3 등등으로 문자에 값을 줬다면 123을 ㄱㄴㄷ이라고 읽었을 것이다.

실례로 요한계시록이 써진 당시 히브리어와 헬라어권에서는 각 철자에 음가(音價)를 부여했다. 히브리어 문자의 첫 글자는 1을, 두 번째 글자는 2를 나타내며 다른 글자들도 예외 없이 음가를 부여했다. 그래서 이름을 123으로 표시할 수가 있었다. 이를 게마트리아(gematria), 수비학(數秘學) 체계라고 부른다. 그들은 누군가의 이름을 부르거나 쓸 때 이름 대신에 숫자로 환산해 표기하곤 했다. 우리가 이름 대신 호(號)를 쓰는 것과 마찬가지다. 이와 관련해 요한은 중요한 정보를 제공한다.

"누구든지 이 표를 가진 자 외에는 매매를 못하게 하니 이 표는 곧 짐승의 이름이나 그 이름의 수라"(계 13:17).

요한은 표가 '짐승의 이름', '짐승의 이름의 수'라고 했다. 즉 666은 짐승의 이름을 나타냄과 동시에 짐승의 이름을 숫자로 표현한 것이라는 힌트를 제공한다. 666의 이름을 가진 자를 역추적하면 짐승이 누구인지 알 수 있다. 이 짐승은 일곱 머리와 열 뿔을 가지고 있다 (계 13:1). 여기에서 머리와 뿔은 로마의 황제들과 지배계급을 상징한다. 공교롭게도 요한계시록이 기록될 당시까지 로마를 지배했던 황제가 일곱이다. '아우구스투스'(B.C 27-A.D 14), '디베리우스'(A.D 14-37), '칼라굴라'(A.D 37-41), '클라우디우스'(A.D 41-54), '네로'(A.D 54-68), '베스파시안'(A.D 69-79), '티투스'(A.D 79-81) 이렇게 일곱 이다. 이 일곱 중에서 음가가 666이 되는 자는 과연 누구일까? 바로 '네로'다. 네로(헬라어로 Neron Kaisar)를 히브리어로 음역하면 정확히 666이다. 그래서 대부분의 학자들은 666이 당시 잔인하게 기독교인들을 박해했던 네로를 뜻한다고 본다. 그러나 600만 명의 유태인을 학살했던 히틀러도 이름에 음가를 주면 666이다. 게다가 인터넷 주소의 맨 앞에 오는 WWW(World Wide Web)도 음가로 따지면 666이다. 그러므로 모든 이름에 음가를 적용해서 해석하려는 자세는 지양해야 한다. 하지만 666이란 숫자의 성격은 파악해야 한다. 윌리엄 헨드릭슨(William Handrisen)은 이렇게 설명했다.

첫째, "666은 아무리 노력해도 7에 미치지 못하는 숫자다."

톰 라이트 교수는 "사도 요한에게 있어서 완전수는 777이었음이 틀림없다. 예수(JESUS)라는 이름은 어떤 숫자 체계에 있어서는 888, 일종의 초(超)완전으로 계산된다. 그러므로 666 앞에서 두려워하지 말아야 한다. 666은 아무리 발버둥을 쳐도 완전수 7이 되지 못한다"고 했다.

"두려워하지 말라 내가 너와 함께 함이라 놀라지 말라 나는 네 하나님이 됨이라 내가 너를 굳세게 하리라 참으로 너를 도와 주리라 참으로 나의 의로운 오른손으로 너를 붙들리라"(사 41:10).

둘째, "666은 대단한 것이 아니라 '이름'을 상징하는 숫자에 불과하다."

요한은 666을 소개하면서 '짐승의 이름', '이름의 수'라고 '이름'임을 반복하여 강조하고 있다. 그렇다. 666은 이름이다. 그러면 세상에 존재하는 이름 중에 가장 위대한 이름은 무엇인가?

"이러므로 하나님이 그를 지극히 높여 모든 이름 위에 뛰어난 이름을 주사 하늘에 있는 자들과 땅에 있는 자들과 땅 아래에 있는 자들로 모든 무릎을 예수의 이름에 꿇게 하시고 모든 입으로 예수 그리스도를 주라 시인하여 하나님 아버지께 영광을 돌리게 하셨느니라"(빌 2:9-11).

모든 무릎이 어떤 이름 앞에 꿇는다고 했던가? 예수의 이름이다. 그런데 본문에서 666을 무엇이라고 했던가? 짐승의 이름이라고 했다. 그렇다면 그 짐승의 이름이 누구의 이름 앞에 무릎을 꿇는단 말인가? 그렇다. 예수의 이름이다.

"베드로가 이르되 은과 금은 내게 없거니와 내게 있는 이것을 네게 주노니 나사렛 예수 그리스도의 이름으로 일어나 걸으라 하고"(행 3:6).

예수의 이름은 세상의 소망이요 예수의 이름은 천국에 기쁨일세
- '슬픈 마음 있는 사람'(새찬송가 91장)

예수의 이름은 늘 승리하신다. 이미 사탄의 머리를 밟으셨다. 그러므로 그 주님을 따라가는 우리도 이미 승리한 자들이다. 666란 숫자는 이 사실을 우리에게 알려줄 뿐이다.

셋째, "666은 6이 세 개나 연결돼 있다. 삼세판, 즉 결국은 망하는 존재라는 뜻이다."

윌리엄 핸드릭슨은 이렇게 말했다. "이 흑암의 삼위일체가 지금은 무시 못 할 힘을 가지고 있다. 때로는 세상이 깜짝 놀랄 기적을 행하기도 한다. 3절에 바다에서 올라온 짐승이 죽은 줄 알았는데 살아난다. 11절에 땅에서 올라온 짐승의 상처도 신기하게 낫는다. 기적을 일으킨다. 예수님이 죽으신 후 다시 살아나신 것을 패러디한다." 사실이다. 하지만 666은 온전한 숫자에서 하나 모자란다. 그 모자람이 세 번이나 반복된다. 그러므로 666은 결국 패망의 세력, 더 나아가 영원한 패망의 세력일 뿐이다.

"사망과 음부도 불못에 던져지니 이것은 둘째 사망 곧 불못이라"(계 20:14).

짐승의 수를 세어 보라

이 사실을 알았다면 우리는 어떠해야 할까? 18절에 답이 있다.

"지혜가 여기 있으니 총명한 자는 그 짐승의 수를 세어 보라 그것은 사람의 수니 그의 수는 육백육십육이니라"(계 13:18).

지혜와 총명이란 단어가 연속된다. 어떤 자가 지혜롭고 총명한 자일까? 본문의 사탄은 모든 자의 오른손이나 이마에 표를 받게 한다(계 13:16). 이 사탄의 행동을 보면서 신명기 6장의 말씀을 떠올려야 한다. 하나님께서 모세에게 말씀하셨다.

"오늘 내가 네게 명하는 이 말씀을 너는 마음에 새기고 네 자녀에게 부지런히 가르치며 집에 앉았을 때에든지 길을 갈 때에든지 누워 있을 때에든지 일어날 때에든지 이 말씀을 강론할 것이며 너는 또 그것을 네 손목에 매어 기호를 삼으며 네 미간에 붙여 표로 삼고 또 네 집 문설주와 바깥 문에 기록할지니라"(신 6:6-9).

하나님은 모세를 통하여 쉐마 교육을 강조하셨다. 하나님의 말씀을 마음에 새기고, 그 말씀을 가르치라고 하셨다. 하나님의 말씀이 마음에 새겨진 그 사람이야말로 지혜롭고 총명한 자가 되어 사탄이 아무리 666을 새기려고 해도 실패하고, 한 길로 왔다가 일곱 길로 도망을 치게 될 것이라고 하셨다(신 28:7, 25). 애굽의 이스라엘이 양의 피를 문인방과 문설주에 발랐을 때 죽음의 사자(使者)들이 피를 보고 놀라서 넘어갔다. 마찬가지로 주의 자녀들이 말씀을 온몸에 새기고 있을 때 사탄은 이마나 손에 표를 새기지 못한다. 오히려 도망친다. 이렇게 말씀을 마음 판에 새긴 자는 지혜롭고 총명한 자가 되어 결코 흔들리지 않게 된다. 오히려 짐승의 숫자를 헤아린다. 여기서 '헤아린다'는 말은 '뚫어지게 바라본다'는 뜻이다. '666이구먼. 별 볼일 없는 존재구먼.' 그래서 어둠의 권세를 이길 수 있는 자가 된다.

> "다윗이 블레셋 사람에게 이르되 너는 칼과 창과 단창으로 내게 나아오거니와 나는 만군의 여호와의 이름 곧 네가 모욕하는 이스라엘 군대의 하나님의 이름으로 네게 나아가노라"(삼상 17:45).

골리앗은 대단한 장수였다. 모든 병사를 벌벌 떨게 만들었다. 그러나 다윗은 골리앗을 뚫어지게 바라보며 약점이 어디인지 파악했다. 바로 이마였다.

솔로몬은 난제를 가지고 있었다. 누가 살아 있는 아이의 엄마냐? 솔로몬은 두 여인을 보는 즉시 답을 얻었다. 여인들의 표정, 말투, 행동에서 다 파악했다. 하나님이 주신 지혜로 총명한 자가 됐기 때문이다(왕상 3:16-28).

여호수아는 아이성을 정복해야 했다. 어떻게 하는 것이 최선의 방법인지가 보였다. 한번 이겼다고 교만해 있는 저들의 약점을 똑똑히 보았다. 도망가는 체하며 적을 유인했다. 그 순간 복병들이 열려 있는 성으로 진입하여 아이성을 함락했다(수 8:1-17).

"온갖 좋은 은사와 온전한 선물이 다 위로부터 빛들의 아버지께로부터 내려오나니 그는 변함도 없으시고 회전하는 그림자도 없으시니라"(약 1:17).

하나님이 주신 지혜로 명철한 자가 되면 사탄에 맞설 수 있다. 그뿐 아니라 사탄의 약점을 발견할 수 있다. 심지어 666까지 다 셀 수 있다. 그래서 어떤 문제에서도 승리할 수 있다.

사랑하는 여러분!

여러분의 666은 무엇인가? 지금 어떤 큰 산이 버티고 있는가? 두려워 말자. 666에 불과하다. 그것은 아무리 발버둥을 쳐도 완전수 7이 될 수 없다. 그것은 짐승의 이름일 뿐이다. 이미 모든 이름은 예수의 이름 앞에 무릎 꿇었다. 그뿐만 아니라 그 이름은 곧 망할 것이다. 심판받을 것이다. 그러므로 주님과 함께 나아갈 때 최후의 승리는 우리의 것이 된다.

14
시온산에 설 때까지
계 14:1-5

언젠가 '우리나라 사람들이 가장 많이 사용하는 단어'에 대한 통계조사가 발표된 적이 있다. 1위는 '진짜', 2위는 '솔직히 말해', 3위는 '인간적으로', 4위는 '까놓고 말해서'였다. 모두 믿음이 없는 상대방에게 신뢰를 주기 위해 하는 말이다. "이 기름은 100%, 진짜, 순. 참기름입니다."

진짜 중요한 말씀을 앞에 놓고 있다. 집중하자. 원래 성경은 하나였다. 장, 절의 구분이 없었다. 성경을 구약과 신약으로 구분한 것도 2세기 말쯤이었다. 그러다가 A.D 1228년 캔터베리 대주교였던 스테판 랭톤(Stephahn Langton)이 장(1,189장)을 넣어 구분했다. 좀 더 세분화할 필요를 느끼던 중 A.D 1551년에 인쇄 기술자 로버트 스테파누스(Robert Stephanus)가 절(31,102절)을 구분하여 넣었다. 장, 절이 있으니 얼마나 편리한지 모른다. 하지만 반대로 장과 절 때문에 불편함을 느낄 때도 있다. 무슨 말인가? 요한계시록을 깊이 연구한 학자들은 "12, 13, 14장은 3장(chapter)으로 나누지 않았더라면 더 좋지 않았을까" 하는 아쉬움을 표했다. 그만큼 12, 13, 14장은 밀접하게 얽혀 있다. 그러므로 세 장을 하나로 놓고 살펴야 한다. 그리고 숫자들을 그냥 넘어가지 말아야 한다. 지난 시간에 666을 이렇게 정리했다.

첫째, "666은 아무리 노력해도 7에 미치지 못하는 숫자다."
둘째, "666은 대단한 것이 아니라 '이름'을 상징하는 숫자일 뿐이다."
셋째, "666은 6이 세 개나 연결되어 있다. 그것은 필시 망하는 존재다."

666과 관련해 '이름'이 강조된다는 점을 기억하자(계 13:17). 왜 이름을 강조하는지, 이름하면 누구의 이름이 떠오르는지, 모든 이름 위에 뛰어난 이름은 과연 누구의 이름인지, 하나님께서 모든 이름으로 하여금 누구의 이름 앞에 무릎 꿇게 하셨는지 우리는 앞에서 알 수 있었다. 결국 짐승의 이름인 666도 예수의 이름 앞에 무릎 꿇게 됐다(빌 2:9-11). 그러므로 666에 짓눌리거나 두려워할 필요가 없다. 모든 이름 위에 뛰어난 이름, 예수 그리스도, 그분이 사망의 권세를 깨뜨리시고 승리하셨다. 십자가로 승리하셨다.

시온산을 향하여 달려가는 십사만 사천

오늘은 14장의 십사만 사천에 집중해 보자. 이 숫자는 이미 요한계시록 7장 4절에 등장했다. 그런데 14장에 다시 '십사만 사천'이 두 번이나 언급된다(계 14:1, 3). 7장의 십사만 사천과 14장의 십사만 사천은 모두 구원받은 백성을 뜻한다. 하지만 엄밀히 따지면 있는 위치가 서로 다르다.

먼저, 요한계시록 7장의 십사만 사천은 어디에 위치해 있는가?

"이 일 후에 내가 네 천사가 땅 네 모퉁이에 선 것을 보니 땅의 사방의 바람을 붙잡아 바람으로 하여금 땅에나 바다에나 각종 나무에 불지 못하게 하더라"(계 7:1).

땅이 연속해서 언급된다. 바람, 바다, 각종 나무도 언급된다. 그 뒤, 십사만 사천이 등장한다. 그러므로 요한계시록 7장의 십사만 사천, 즉 구원받은 하나님의 자녀들은 지금 땅 위에 있음을 알 수 있다. 반면에 요한계시록 14장의 십사만 사천은 어디에 있는가?

"또 내가 보니 보라 어린양이 시온산에 섰고 그와 함께 십사만 사천이 서 있는데 그들의 이마에는 어린양의 이름과 그 아버지의 이름을 쓴 것이 있더라"(계 14:1).

이 십사만 사천은 하늘의 시온산에 어린양과 함께 있다. 이들의 입에서 아무나 부를 수 없는 새 노래가 터져 나왔다. 구원받은 자들이 승리하신 주님과 함께 환희의 노래를 불렀다. 이렇게 7장의 십사만 사천은 땅에, 14장의 십사만 사천은 하늘의 시온산에 있다. 똑같은 십사만 사천이지만 완전히 다르다. 한쪽은 땅에 있고, 다른 한쪽은 하늘에 있다. 그러면 7장과 14장 사이에 어떤 일이 있었는가? 8장부터 13장까지 치열한 영적 전투가 있었다. 그중에 핵심은 12장이었다. 땅에 내쫓긴 용이 분노하여 여자를 박해했다. 입으로 물을 강같이 토하여 여자를 물에 떠내려가게 하려고 했다.

"여자의 뒤에서 뱀이 그 입으로 물을 강 같이 토하여 여자를 물에 떠내려 가게 하려 하되 땅이 여자를 도와 그 입을 벌려 용의 입에서 토한 강물을 삼키니 용이 여자에게 분노하여 돌아가서 그 여자의 남은 자손 곧 하나님의 계명을 지키며 예수의 증거를 가진 자들과 더불어 싸우려고 바다 모래 위에 서 있더라"(계 12:15-17).

이렇게 7장과 14장 사이에는 치열한 영적 전투가 있었다. 이는 무엇을 시사하는가? 땅에 있는 십사만 사천의 구원받은 성도들이 14장의 시온산을 향하여 믿음의 경주를 하고 있는 것을 전부 보여주고 있다. 바울은 우리의 믿음 생활을 '달음질'에 비유했다.

"운동장에서 달음질하는 자들이 다 달릴지라도"(고전 9:24).
"그러므로 나는 달음질하기를 향방 없는 것 같이 아니하고"(고전 9:26).

그러면서 그는 구원받는 과정을 이렇게 설명했다.

"하나님이 미리 아신 자들을 또한 그 아들의 형상을 본받게 하기 위하여 미리 정하셨으니 이는 그로 많은 형제 중에서 맏아들이 되게 하려 하심이니라 또 미리 정하신 그들을 또한 부르시고 부르신 그들을 또한 의롭다 하시고 의롭다 하신 그들을 또한 영화롭게 하셨느니라"(롬 8:29-30).

구원은 다섯 단계를 거친다. 첫 번째는 '미리 아심', 두 번째는 '미리 정하심', 세 번째는 '부르심', 네 번째는 '의롭다 하심', 다섯 번째는 '영화롭게 하심'이다(롬 8:29-30). 이 다섯 단계 중에서 오늘 우리는 어디쯤에 있는가?

"그리스도 예수 안에 있는 구속으로 말미암아 하나님의 은혜로 값 없이 의롭다 하심을 얻은 자 되었느니라"(롬 3:24).
"누가 능히 하나님께서 택하신 자들을 고발하리요 의롭다 하신 이는 하나님이시니"(롬 8:33).

우리는 이미 '의롭다 하심'을 입었다. '의롭다 하심'의 역, 즉 '칭의'의 역을 통과하고 종착지인 '영화롭게 하심', 즉 영화(榮化, Glorification)로 나아가고 있다. 이 여정을 성화(聖化, Sanctification)라고 부른다. 누구든 예외가 없다.

"내가 그리스도를 본받는 자가 된 것 같이 너희는 나를 본받는 자가 되라"(고전 11:1).

"오직 우리 주 곧 구주 예수 그리스도의 은혜와 그를 아는 지식에서 자라 가라"(벧후 3:18).

7장의 십사만 사천은 땅 위에서 구원받은 하나님의 자녀들이다. 하지만 그들은 여전히 땅 위에 있다. 어둠의 세력과 싸워야 한다. 땅 위에서 영적으로 거듭나고, 예수 그리스도의 성품을 닮아가는 과정을 밟아야 한다. 내 안에 있는 죄성을 하나씩 제거해야 한다. 성화의 과정을 밟으며 영화를 향하여 나아가야 한다. 바울은 이렇게 권면했다.

"항상 복종하여 두렵고 떨림으로 너희 구원을 이루라."(빌 2:12).

우리 모두 십사만 사천이다. 하지만 땅 위에 있는 십사만 사천이다. 아직 영화에 이르지 못했다. 우리는 영화에 이르기 위해 달리는 중이다. 바울은 이렇게 고백한다.

"내가 이미 얻었다 함도 아니요, 온전히 이루었다 함도 아니라, 오직, 내가 그리스도 예수께 잡힌 바 된 그것을 잡으려고 쫓아가노라"(빌 3:12).

사탄의 세 가지 무기를 통과하라

이 과정에서 사탄은 바다에 배수진을 치고 우리에게 공격을 시도한다. 그냥 놔두지 않는다. 갖가지 도구로 유혹하며 방해한다. 사탄이 즐겨 사용하는 도구, 무기가 무엇인가? 사도 요한은 본문에서 원수 마귀가 사용하는 세 가지 무기를 귀띔해 준다.

첫째, 4절이다.

"이 사람들은 여자와 더불어 더럽히지 아니하고 순결한 자라"(계 14:4).

둘째, 5절이다.

"그 입에 거짓말이 없고 흠이 없는 자들이더라"(계 14:5).

셋째, 9절이다.

"또 다른 천사 곧 셋째가 그 뒤를 따라 큰 음성으로 이르되 만일 누구든지 짐승과 그의 우상에게 경배하고"(계 14:9).

이 세 가지를 미끼로 십사만 사천을 집요하게 방해하고 넘어뜨리려 한다. 여기서 두 번째 무기는 '거짓말', 세 번째 무기는 '우상숭배'다. 성경은 거짓말과 우상숭배가 영화에 이르지 못하게 하는 걸림돌임을 천명한다.

"거짓말하는 모든 자들은 불과 유황으로 타는 못에 던져지리니 이것이 둘째 사망이라"(계 21:8).

"거짓말하는 자는 결코 그리로 들어가지 못하되"(계 21:27).

"너는 나 외에는 다른 신들을 네게 두지 말라"(출 20:3).

"너희 중에 다른 신을 두지 말며 이방 신에게 절하지 말지어다"(시 81:9).

문제는 첫 번째 무기이다. 그런데 첫 번째, 4절의 말씀은 선뜻 머리에 들어오지 않는다. 다시 읽어보자.

"이 사람들은 여자와 더불어 더럽히지 아니하고 순결한 자라"(계 14:4).

여기서 '이 사람들'은 십사만 사천, 즉 땅 위에서 구원받은 자들이다. 그런데 왜 '여자'와 더불어 더럽히지 아니한 자라고 했을까? '여자'란 과연 누굴까? 문자 그대로 '여자'라면 남자를 염두에 두고 한 말 같은데, 그러면 구원받은 자, 즉 십사만 사천에는 여자가 한 명도 없단 말인가? 요한계시록에는 크게 세 종류의 여자가 언급된다.

첫째는 요한계시록 12장이다. 무려 10번이나 언급된다. 12장의 여자는 누굴까?

둘째는 요한계시록 17장이다. 6번 언급된다. 여기에서 여자는 누구를 가리킬까?

셋째는 요한계시록 14장이다. 여기 언급되는 여자는 누굴까?

요한계시록은 '여자'를 γυνή(귀네)라는 똑같은 단어로 쓰고 있다. 그렇다면 같은 뜻으로 이해하면 될까? 12장의 여자는 교회라고 해석하는 것이 가장 자연스럽다. 하지만 14장의 여자를 교회로 본다면 해석이 엉뚱한 방향으로 흐른다. 고심하던 중, 뇌리에 디모데후서 3장의 말씀이 꽂혔다.

"너는 이것을 알라 말세에 고통하는 때가 이르러 사람들이 자기를 사랑하며 돈을 사랑하며 자랑하며 교만하며 비방하며 부모를 거역하며 감사하지 아니하며 거룩하지 아니하며 무정하며 원통함을 풀지 아니하며 모함하며 절제하지 못하며 사나우며 선한 것을 좋아하지 아니하며 배신하며 조급하며 자만하며 쾌락을 사랑하기를 하나님 사랑하는 것보다 더하며"(딤후 3:1-4).

말세에 나타날 여러 징조를 '여자'라고 총칭하고 있다고 보면 무리일까? 단순히 성별로서 '여자'를 지칭하는 것이 아니라 마지막 때에 믿는 자들을 미혹하고, 넘어지게 하는 여러 요인, 즉, 자기 사랑, 돈, 교만, 비방, 부모 거역, 무정, 모함, 사나움, 배신, 조급, 자만, 쾌락…이 모든 것들을 본문은 '여자'라고 표현하고 있다고 확신한다. 음녀 이세벨, 음녀 바벨론, 이런 유형들과 짝이 될 때 자신은 더럽혀진다. 영적 순결을 지키지 못한다. 이런 부류들이 말세에 믿는 자들을 넘어뜨린다.

『도파민네이션』(Dopamin Nation)이란 책은 미국 스텐퍼드 대학교의 정신의학교수인 애나 렘키(Anna Lembke)가 수많은 환자를 접하면서 얻게 된 정보를 집대성한 책이다. 이 책은 쾌락(만족)과 동시에 고통을 다룬다. 쾌락과 고통의 관계가 우리 삶에 어떤 영향을 끼치는지 적나라하게 드러낸다.

우선 도파민이란 사물, 상황, 타인 등을 바라볼 때 작용하는 감정을 조절하는 호르몬이다. 이 호르몬이 과다 분비되면 상대에 대한 강한 충동을 느끼며 심할 경우 집착, 탐닉, 의존 경향까지 나타난다. 신경과학 분야에서 발견한 획기적인 사실은 우리의 뇌가 쾌락과 고통을 같은 곳에서 처리한다는 사실이다. 그러니까 쾌락과 고통은 저울 양 끝에 놓인 추와 같다. 쾌락에 지속적으로 노출되면 우리의 뇌는 고통 쪽으로 기울어진다.

잊지 말라. 쾌락을 추구할수록 고통은 점점 더 커진다. 물질, 음식, 뉴스, 도박, 쇼핑, 게임, 채팅, 음란 문자, 페이스북, 인스타그램, 유튜브, 트위터… 특히 스마트폰은 피하주사처럼 우리에게 자극을 찔러준다. 이런 것에 집착하고, 이것들을 통해 쾌락을 추구할수록 저울은 고통 쪽으로 기운다.

"이 사람들은 여자와 더불어 더럽히지 아니하고 순결한 자라"(계 14:4).

'여자와 더불어'의 여자는 무엇인가? 단순히 성별로서 여자가 아니다. 말세에 나타나 주의 자녀들을 넘어뜨리는 모든 것들이 여자의 범주에 들어간다. 이 범주에 들어간 자들에게는 '고통' '괴로움' '파멸'이 나타난다.

우리는 십사만 사천으로 인침을 받았다. 하지만 온전한 구원에 이르지 못했다. 아직 땅 위에서 성화의 과정을 거치며 천성을 향하여 나아가고 있다. 그 사이에 많은 고난과 시련이 있다. 요한계시록은 그 고난의 과정을 통과할 때 붙잡아야 할 것이 있음을 알려준다.

첫째, 복음을 붙잡아야 한다(계 14:6).

"또 보니 다른 천사가 공중에 날아가는데 땅에 거주하는 자들 곧 모든 민족과 종족과 방언과 백성에게 전할 영원한 복음을 가졌더라"(계 14:6).

둘째, 하나님을 붙잡아야 한다(계 14:7).

"그가 큰 음성으로 이르되 하나님을 두려워하며 그에게 영광을 돌리라 이는 그의 심판의 시간이 이르렀음이니 하늘과 땅과 바다와 물들의 근원을 만드신 이를 경배하라 하더라"(계 14:7).

셋째, 믿음을 붙잡아야 한다(계 14:12).

"성도들의 인내가 여기 있나니 그들은 하나님의 계명과 예수에 대한 믿음을 지키는 자니라"(계 14:12).
"내가 이르노니 너희는 성령을 따라 행하라 그리하면 육체의 욕심을 이루지 아니하리라"(갈 5:16).

우리가 이 세 가지를 붙잡을 때, 점점 육체의 소욕이 사그라들게 될 것이다. 성령을 쫓아 행할 때에 이런 역사가 나에게도 나타날 것이다.

사랑하는 여러분!

우리는 인침을 받았다. 그래서 십사만 사천에 속했다. 하지만 우리는 아직은 땅에 있는 십사만 사천이다. 하나님은 이미 우리를 의롭다고 칭해 주셨다. 그러므로 법적으로는 의인이다. 하지만 아직 의에 이르지 못했다. '칭의'라는 역에서 출발하여 '영화'라는 종점을 향해 나아가고 있다. 자기 때가 얼마 남지 않은 사탄은 우리가 가는 길에 갖가지의 덫을 놨다. 바로 '여자', '거짓말'(계 21:8, 27), '우상'이다.

이 덫을 통과하기 위해서 우리는 첫째, '복음을 붙잡아야 한다.' 둘째, '하나님을 붙잡아야 한다.' 셋째, '믿음을 붙잡아야 한다.' 그래서 다 함께 저 시온산에서 주님과 함께 영화로운 모습으로 우뚝 서는 은혜가 있기를 소원한다.

15
금 대접에 담긴 것
계 15:1, 5-8

이제 요한계시록의 중요한 관문 중 마지막 관문으로 들어섰다. 요한계시록을 다시 살펴보자. 요한계시록은 매우 정교하고 치밀한 구조를 가졌다. 전체 22장으로 구성된 요한계시록은 크게 세 등분으로 나눠진다. 요한계시록 1-5장까지는 서론, 6-16장까지는 본론, 그리고 17-22장은 결론이다. 그리고 본론, 즉 몸통에는 다시 세 가지가 있다. 첫째, 일곱 인(계 6:1, 3, 5, 7), 둘째, 일곱 나팔(계 8:7-8, 10), 셋째, 일곱 대접(계 16:1-3, 8)이다. 이 세 가지가 요한계시록의 몸통, 즉 골격이다. 그중에서 우리는 어느 틈엔가 일곱 인의 재앙과 일곱 나팔의 재앙을 통과하고 마침내 일곱 대접의 재앙 앞에 섰다. 이 일곱 재앙에 대해서 사도 요한은 이렇게 말했다.

"또 하늘에 크고 이상한 다른 이적을 보매 일곱 천사가 일곱 재앙을 가졌으니 곧 마지막 재앙이라 하나님의 진노가 이것으로 마치리로다"(계 15:1).

영어 성경에서는 "크고 이상한 재앙"을 "Great and Wonderful" 이라고 했다. 그만큼 이 재앙이 앞서 나타난 인 재앙, 나팔 재앙들과 비교되지 않는 큰 재앙이라는 뜻이다. 이 일곱 대접 재앙이 이전의 재앙들과 근본적으로 다른 점은 규모뿐만이 아니다. 지금까지는 회개하고 돌아올 기회가 있었다. 하지만 이 마지막 재앙에서는 회개하고 돌이킬 수 있는 기회가 없다.

일곱 대접 재앙은 요한계시록 16장에서 본격적으로 시작된다. 그러나 16장을 보기에 앞서 우리는 15장을 살펴봐야 한다. 왜냐하면 15장은 16장의 무대장치, 즉 서언적(序言的)인 내용이기 때문이다. 어떤 내용이 어려울 때는 나무보다는 숲을 먼저 봐야 한다. 요한계시록 15장에서 우리가 눈여겨보아야 할 것은 세 가지이다. 일곱 천사의 모습, 하나님의 진노, 금 대접이다.

일곱 천사의 모습, 하나님의 진노, 금 대접

첫째, '일곱 천사의 모습'에 대해서 요한은 이렇게 말했다.

"또 이 일 후에 내가 보니 하늘에 증거 장막의 성전이 열리며 일곱 재앙을 가진 일곱 천사가 성전으로부터 나와 맑고 빛난 세마포 옷을 입고 가슴에 금 띠를 띠고"(계 15:5-6).

하늘에 성전이 열리고 일곱 재앙을 가진 일곱 천사가 성전으로부터 나왔다. 그런데 그들이 입고 있는 것이 특이하다. 이전에 보았던 모습과 비슷하다. 누구의 모습이었는가?

"촛대 사이에 인자 같은 이가 발에 끌리는 옷을 입고 가슴에 금 띠를 띠고"(계 1:13).

인자의 모습이다. 인자는 가슴에 금 띠를 띠고 있었다. 그런데 일곱 재앙을 가진 일곱 천사들도 가슴에 금 띠를 띠고 있다. 또 맑고 빛난 세마포 옷을 입고 있다. 이 세마포 옷은 '리논'(λίνον)이다.

"거룩한 세마포 속옷을 입으며 세마포 속바지를 몸에 입고 세마포 띠를 띠며 세마포 관을 쓸지니 이것들은 거룩한 옷이라 물로 그의 몸을 씻고 입을 것이며"(레 16:4).
"아론은 회막에 들어가서 지성소에 들어갈 때에 입었던 세마포 옷을 벗어 거기 두고"(레 16:23).

구약 시대 제사장들이 성막에서 입었던 옷이 바로 리논(λίνον)이다. 일곱 재앙을 가진 일곱 천사가 인자의 모습과 같이 가슴에 금 띠를 띠고, 제사장들이 입었던 세마포 옷을 입었다. 무엇을 말하는가? 일곱 천사는 인자의 대리인으로, 심판을 수행하는 자로 그 자리에 있다. 그리고 일곱 천사는 제사장의 역할을 한다.

둘째, '하나님의 진노'에 대해서 요한은 이렇게 말했다.

"네 생물 중의 하나가 영원토록 살아 계신 하나님의 진노를 가득히 담은 금 대접 일곱을 그 일곱 천사들에게 주니"(계 15:7).

"하나님의 진노를 가득히 담은 금 대접 일곱"이 일곱 천사에게 주어진다. 신약 성경이 말하는 하나님의 진노는 마지막 때에 임할 최후의 진노다.

"요한이 많은 바리새인들과 사두개인들이 세례 베푸는 데로 오는 것을 보고 이르되 독사의 자식들아 누가 너희를 가르쳐 임박한 진노를 피하라 하더냐"(마 3:7).
"다만 네 고집과 회개하지 아니한 마음을 따라 진노의 날 곧 하나님의 의로우신 심판이 나타나는 그 날에 임할 진노를 네게 쌓는도다"(롬 2:5).
"오직 당을 지어 진리를 따르지 아니하고 불의를 따르는 자에게는 진노와 분노로 하시리라"(롬 2:8).

반면에 구약 성경이 말하는 하나님의 진노는 언약 안에서 살펴봐야 한다. 구약 성경에 등장한 하나님의 진노는 언약에 불순종했을 때 이스라엘 백성에게 내려진 심판이었다.

"웃사가 손을 펴서 궤를 붙듦으로 말미암아 여호와께서 진노하사 치시매 그가 거기 하나님 앞에서 죽으니라"(대상 13:10).
"내가 사십 년 동안 그 세대로 말미암아 근심하여 이르기를 그들은 마음이 미혹된 백성이라 내 길을 알지 못한다 하였도다 그러므로 내가 노하여 맹세하기를 그들은 내 안식에 들어오지 못하리라 하였도다"(시 95:10-11).

그렇다면 금 대접에 담겨 있는 하나님의 진노는 무엇을 의미하는가? 마지막 때에 하나님을 믿지 않는 이들을 향한 진노인가? 아니면 하나님을 믿는다 하는 이들이 하나님께 순종하지 않았을 때 내려지는 진노인가? 둘 다이다. 일곱 대접 재앙은 하나님을 믿지 않는 이들을 향한 심판이다. 그리고 하나님을 믿는다 하면서 하나님께 순종하지 않은 이들에 대한 심판이다. 그 '하나님의 진노'가 담긴 금 대접을 일곱 천사가 받는다.

셋째, '금 대접'에 대해서 요한은 이렇게 말했다.

금 대접이라고 하면 성막에서 사용되던 대접이 떠오른다.

"너는 대접과 숟가락과 병과 붓는 잔을 만들되 순금으로 만들며"(출 25:29).
"갈고리와 대접과 종지를 만들 순금과 금 잔 곧 각 잔을 만들 금의 무게와 또 은 잔 곧 각 잔을 만들 은의 무게를 정하고"(대상 28:17).
"또 상 열 개를 만들어 내전 안에 두었으니 왼쪽에 다섯 개요 오른쪽에 다섯 개이며 또 금으로 대접 백 개를 만들었고"(대하 4:8).

제사장의 옷을 입은 일곱 천사가 성막에서 사용되었던 금 대접을 받는다. 제사장이 제사를 지내는 모습이 아닌가? 그러나 제사와는 다르다. 금 대접에 "하나님의 진노"가 담겨 있다. 원래 담겨 있어야 할 것이 없다. 원래 금 대접에 담겨 있어야 하는 것은 무엇인가?

"그 두루마리를 취하시매 네 생물과 이십사 장로들이 그 어린양 앞에 엎드려 각각 거문고와 향이 가득한 금 대접을 가졌으니 이 향은 성도의 기도들이라"(계 5:8).

그렇다. 성도의 기도다. 구약시대에는 여러 제사가 있었다. 번제, 화목제, 속죄제, 속건제, 소제 등이다. 제사마다 지내는 방법, 특히 바치는 제물이 달랐다. 소, 양, 염소, 비둘기 등이었다. 그것들이 제단에서 태워질 때는 모두 향이 되어 하늘로 올라갔다. 그런데 그 향, 향기가 무엇인가? 성도의 기도다. 성도의 기도가 향이 되어 올라갈 때 하늘의 네 생물과 이십사 장로들이 그 향을 담아서 어린양 예수 그리스도께 바쳤다. 그런데 일곱 천사가 받은 금 대접에는 '성도의 기도' 대신 '하나님의 진노'가 담겼다. 무슨 말인가? 마지막 대접 재앙은 성도의 기도에 대한 응답이 된다.

"큰 소리로 불러 이르되 거룩하고 참되신 대주재여 땅에 거하는 자들을 심판하여 우리 피를 갚아 주지 아니하시기를 어느 때까지 하시려 하나이까 하니"(계 6:10).

세 가지를 기억하라

"일곱 대접 재앙", 이름만 들으면 어떤가? 두려운가? 그러나 요한계시록의 말씀은 우리의 생각과 다르다. 일곱 대접 재앙은 성도들의 기도에 대한 응답이다. 오랜 인내로 견뎌낸 성도들에게 내리는 보상이다. 이 말씀을 보고도 그날이 두려운가? 염려되는가? 그렇다면 세 가지를 기억해야 한다.

첫째, 기도하라.

어느 날 밧모섬의 요한 앞에 하늘문이 열렸다. 그래서 그는 천상 세계를 볼 수 있었다. 그 천상 세계는 우리 주님이 직접 설계하시고 만드신, 이미 천국으로 들림을 받은 자들과 장차 우리가 갈 영광스러운 세계다. 그곳을 자세히 보니 네 생물과 이십사 장로가 있었다. 이들이 뭘 하고 있는가? 하나님을 예배했다. 밤낮 쉬지 않고 하나님을 경배했다.

"우리 주 하나님이여 영광과 존귀와 권능을 받으시는 것이 합당하오니 주께서 만물을 지으신지라 만물이 주의 뜻대로 있었고 또 지으심을 받았나이다 하더라"(계 4:11).

그들이 천상 세계에서 하고 있었던 또 하나의 인상적인 행동이 있었다.

"그 두루마리를 취하시매 네 생물과 이십사 장로들이 그 어린양 앞에 엎드려 각각 거문고와 향이 가득한 금 대접을 가졌으니 이 향은 성도의 기도들이라"(계 5:8).

이들은 두루마리를 취하신 어린양 앞에 엎드렸다. 그리고 그 어린양께 무엇인가를 올려드렸다. 그게 뭔가? 향이 가득한 금 대접이다. 그 향은 무엇인가? 성도들의 기도다. 이것을 향이 가득한 기도로 받으셨다.

구약의 제사에는 여러 가지 명목이 있었다. 그런데 각 제사들의 공통점이 하나 있다. 바로 제사를 드릴 때마다 향이 하늘로 올라갔다는 점이다.

"여호와께서 그 향기를 받으시고 그 중심에 이르시되 내가 다시는 사람으로 말미암아 땅을 저주하지 아니하리니"(창 8:21).
"제사장은 그 피를 회막 문 여호와의 제단에 뿌리고 그 기름을 불살라 여호와께 향기로운 냄새가 되게 할 것이라"(레 17:6).
"여호와께 화제나 번제나 서원을 갚는 제사나 낙헌제나 정한 절기제에 소나 양을 여호와께 향기롭게 드릴 때에"(민 15:3).

이렇게 제사를 드릴 때 향이 올라갔다. 향이 없는 제물은 받지 않으셨다. 어떤 제사든지 핵심은 향이다. 그 향이 무엇을 뜻한다고 했는가?

"이 향은 성도의 기도들이라"(계 5:8).

성도의 기도를 뜻한다. 성도의 기도가 올라갈 때 하늘의 네 생물, 이십사 장로들이 뭘 하는가? 무릎을 꿇고 금 대접에 그 향을 담아 어린양 예수 그리스도께 바쳤다. 주님은 그만큼 성도의 기도를 소중하게 생각하며, 귀한 제물로 받으신다. 그리고 지금 그 성도의 기도가 하나님의 진노의 심판으로 응답되고 있다.

둘째, 심판을 대비하라.

일곱 대접 재앙을 내리시는 분은 바로 하나님이다.

"하나님의 영광과 능력으로 말미암아 성전에 연기가 가득 차매 일곱 천사의 일곱 재앙이 마치기까지는 성전에 능히 들어갈 자가 없더라"(계 15:8).

일곱 대접 재앙을 가진 일곱 천사는 하나님의 심판 계획을 수행하는 조력자들이다. 일곱 천사가 심판을 내리지 않는다. 그렇기에 요한계시록 15장 8절에서는 우리의 눈을 하나님께로 돌린다. 성전이 "하나님의 영광과 능력으로 말미암아 연기가 가득 차" 있는 것으로 묘사된다. 하나님의 임재에 초점이 맞춰져 있다.

"모세가 산에 오르매 구름이 산을 가리며 여호와의 영광이 시내

산 위에 머무르고 구름이 엿새 동안 산을 가리더니 일곱째 날에 여호와께서 구름 가운데서 모세를 부르시니라"(출 24:15-16).

하나님께서 임재하신다. 심판하신다. 일곱 천사의 심판이 아닌 하나님의 심판이다. 하나님께서 누구를 심판하시겠는가? 하나님을 믿지 않는 자, 하나님께 불순종한 자다. 그들을 향한 하나님의 심판이다. 기억하라.

셋째, 예배하라.

하나님의 심판 계획을 수행하는 일곱 천사의 모습이 어떤가?

"일곱 재앙을 가진 일곱 천사가 성전으로부터 나와 맑고 빛난 세마포 옷을 입고 가슴에 금 띠를 띠고"(계 15:6).

제사장이 입는 세마포를 입고 있다. 그들의 손에는 무엇이 있는가?

"네 생물 중의 하나가 영원토록 살아 계신 하나님의 진노를 가득히 담은 금 대접 일곱을 그 일곱 천사들에게 주니"(계 15:7).

성막에서 사용되던 금 대접이 그들의 손에 들려 있다. 천사들의 모습은 성막에서 하나님을 섬기던 제사장들의 모습이다. 제사장들은 성막에서 제사, 즉 예배를 드렸다. 하나님을 예배하는 자들이었다. 그런데 일곱 천사가 하나님의 예배를 인도하던 제사장의 모습으로 나타난다. 하나님을 예배하는 자들은 이 땅에서만이 아니라 하늘에서도 예배한다. 예배하는 자들이 하늘에도 있다. 그래서 요한계시록 4장에 등장하는 네 생물과 이십사 장로들이 무엇을 하고 있는가?

"그들이 밤낮 쉬지 않고 이르기를 거룩하다 거룩하다 거룩하다 주 하나님 곧 전능하신 이여 전에도 계셨고 이제도 계시고 장차 오실 이시라 하고"(계 4:8).
"이십사 장로들이 보좌에 앉으신 이 앞에 엎드려 세세토록 살아 계시는 이에게 경배하고 자기의 관을 보좌 앞에 드리며 이르되"(계 4:10).

예배했다. 하나님은 오늘도 예배자를 찾으신다. 예배자를 기뻐하신다.

"아버지께서는 자기에게 이렇게 예배하는 자들을 찾으시느니라"(요 4:23).

오늘 예배하는 자들이 하늘에서도 하나님을 예배하게 될 것이다.

사랑하는 여러분!

요한계시록은 심판의 책이다. 그래서 두렵다. 무섭기도 한다. 그러나 요한계시록을 자세히 살펴보라. 그 심판이 누구를 향하는가? 하나님을 예배하지 않는 자들이다. 하나님께 순종하지 않는 자들이다. 아직도 그날이 무서운가? 그렇다면 기억해야 한다. 첫째, 기도하라. 그날은 기도에 응답받는 날이 될 것이다. 둘째, 심판을 대비하라. 하나님을 믿고, 하나님께 순종한 자들에게는 두려울 것이 없는 날이 될 것이다. 셋째, 예배하라. 이 땅에서 하나님을 예배하는 자들은 하늘에서도 예배하는 자들이 될 것이다.

저 공중에 구름이 일어나며 큰 나팔이 울려날 때
주 오셔서 세상을 심판해도 나의 영혼은 겁 없겠네
내 영혼 평안해 내 영혼 내 영혼 평안해
- '내 평생에 가는 길'(새찬송가 413장)

16
벌거벗은 몸으로 돌아다니지 말라
계 16:15-16

　어떤 작품이든 그 작품을 쓰게 된 동기가 있다. 도스토예프스키 하면 『죄와 벌』이 떠오른다. 이 작품은 그를 세계적인 작가로 만들었다. 그는 어디에서 영감을 얻었을까? 1860년 러시아는 반역, 폭력, 혁명을 상징하는 허무주의적 초인사상이 팽배했었다. 작가는 여기에서 영감을 얻었다. 그는 주인공 라스콜리니코프를 초인사상에 찌든 자로 내세우고 반대편에 기독교적 사랑의 실천자 소냐를 내세워 대서사시를 펼쳐나간다.

　유명한 작품의 영감과 관련해 또 하나의 작품이 떠오른다. 덴마크는 '안데르센의 나라'라 불린다. 그만큼 안데르센은 덴마크의 영웅이자, 전 세계인의 사랑을 받는 작가이다. 『벌거숭이 임금님』은 안데르센의 대표작이다. 어느 날, 세상에서 가장 아름다운 옷감을 짤 수 있다고 주장하는 낯선 두 사람이 임금을 찾아왔다. 그들은 능력 없고 바보 같은 사람 눈에는 그들이 짠 옷감이 보이지 않는다고 했다. 임금은 두 사람에게 많은 돈을 주고 옷을 만들어 달라고 했다.

하지만 시간이 걸렸다. 임금은 빨리 옷을 입고 싶어 대신을 보내 상황을 알아보라고 했다. 그들은 아름다운 옷이 만들어지고 있다고 보고했다. 임금님은 낯선 두 사람에게 훈장과 작위까지 내렸다. 마침내 옷이 완성됐다. 임금님은 새 옷을 입고 백성들 앞에 나가 행진했다. 백성들도 모두가 멋진 옷이라고 환호하며 손뼉을 쳤다. '바보'라는 소리를 듣지 않으려고 말이다. 그런데 그중에 한 꼬마가 "임금님은 아무것도 입지 않은 벌거숭이잖아. 얼레리 꼴레리"라고 소리쳤다. 안데르센은 이 작품의 영감을 어디에서 받아 구상했을까? 혹시 오늘 본문은 아닐까?

"보라 내가 도둑 같이 오리니 누구든지 깨어 자기 옷을 지켜 벌거벗고 다니지 아니하며 자기의 부끄러움을 보이지 아니하는 자는 복이 있도다"(계 16:15).

요한계시록 16장은 15장과 함께 살피면 본문 전체를 이해하는 데 도움이 된다고 말한 바 있다.

"하늘에 크고 이상한 다른 이적을 보매 일곱 천사가 일곱 재앙을 가졌으니 곧 마지막 재앙이라 하나님의 진노가 이것으로 마치리로다"(계 15:1).

드디어 '크고 이상한 재앙'이 쏟아지기 시작한다. 첫째 천사가 나타나 대접을 쏟아붓는다. 그때 짐승의 표를 받은 자들과 우상에게 절하는 자들에게 악하고 독한 종기가 나타난다(계 16:2). 둘째 천사가 대접을 쏟아붓는다. 그때 바다의 모든 생물이 멸절된다(계 16:3). 셋째 천사가 대접을 쏟아붓는다. 그때 강과 샘물이 붉은 피로 변한다(계 16:4). 넷째 천사가 대접을 쏟아붓는다. 해가 더 뜨거워져서 사람들을 태워버린다(계 16:8-9). 다섯째 천사가 대접을 쏟아붓는다. 온 세상이 캄캄해진다(계 16:10). 여섯째 천사가 대접을 쏟아붓는다. 큰 강 유프라테스가 말라버린다(계 16:12). 일곱째 천사가 대접을 쏟아붓는다. 그때 우레와 같은 큰 음성이 들린다. "됐다." 그 순간 모든 것이 사라진다(계 16:17).

"각 섬도 없어지고 산악도 간 데 없더라"(계 16:20).

마지막 재앙의 경고

이 무시무시한 재앙이 진행되는 중에 개구리 같은 세 더러운 영이 나타난다(계 16:13). 어둠의 세력이다. 이 영이 끝까지 발악한다. 이들 연합군이 한 곳에 집결한다. 그곳이 어디인가?

"세 영이 히브리어로 아마겟돈이라 하는 곳으로 왕들을 모으더라"(계 16:16).

'아마겟돈'이다. 성경에 등장하는 단어들 중 가장 신경 쓰이는 단어가 두 개 있다. 666과 아마겟돈이다. 666은 지난 시간에 다뤘다.

그러면 아마겟돈은 뭔가? 원문대로 읽으면 '하르마겟돈'(Ἀρμαγεδών)이다. 이 단어는 '하르'와 '므깃도'의 합성어다. 하르는 '산'이라는 뜻이며, 에스겔 39장에 등장하는 '이스라엘의 산'(겔 39:2)을 가리킨다. 그리고 '므깃도'는 애굽에서 다메섹으로 가는 길, 이스르엘 평야에 있는 것으로 옛날부터 그곳에서 많은 전쟁이 있었다. 그러므로 아마겟돈은 '심판의 장소', '최후 전쟁의 장소'라는 뜻이다. 그래서 세계적인 대규모 전쟁이나 재앙을 상징적으로 표현할 때 사용된다. 언젠가 '므깃도'라고 하는 곳에 가 본 적이 있다. 유럽, 아시아, 아프리카 이 세 대륙이 맞닿는 곳이다. 그곳에서 인류 마지막 최후의 전쟁, 선과 악의 충돌이 일어나리라고 보는 것도 무리가 아니라는 생각이 강하게 들었다. 그래서 아마겟돈하면 모두가 인류 최후의 전쟁과 심판을 떠올린다. '아마겟돈'은 모든 것은 끝이 있다는 것을 우리에게 강하게 시사한다. 인 재앙, 나팔 재앙, 그렇게 크고 두려운 대접 재앙도 끝이 있다. 이 재앙의 끝에 주님은 다시 오시겠다고 약속하셨다. 그 중심에 오늘의 본문이 자리 잡고 있다.

> "내가 도둑 같이 오리니 누구든지 깨어 자기 옷을 지켜 벌거벗고 다니지 아니하며 자기의 부끄러움을 보이지 아니하는 자는 복이 있도다"(계 16:15).

도둑 모티브는 예수님의 재림을 앞에 놓고 있는 우리의 영적 각성을 촉구하는 경고로 성경 안에서 반복하여 사용된다.

"너희도 아는 바니 만일 집 주인이 도둑이 어느 시각에 올 줄을 알았더라면 깨어 있어 그 집을 뚫지 못하게 하였으리라"(마 24:43).
"너희도 아는 바니 집 주인이 만일 도둑이 어느 때에 이를 줄 알았더라면 그 집을 뚫지 못하게 하였으리라"(눅 12:39).
"주의 날이 밤에 도둑 같이 이를 줄을 너희 자신이 자세히 알기 때문이라"(살전 5:2).
"그러나 주의 날이 도둑 같이 오리니 그 날에는 하늘이 큰 소리로 떠나가고 물질이 뜨거운 불에 풀어지고 땅과 그 중에 있는 모든 일이 드러나리로다"(벧후 3:10).

그래서 이 대접 심판은 주님의 재림을 알려주는 경고장임에 틀림없다.

마지막 시대를 살아가는 태도

그렇다면 마지막 시대를 살아가는 우리가 취해야 할 태도가 무엇인가?

첫째, '깨어 있으라'

'주님이 오늘 재림하실까? 내일 재림하실까?' 생각하며 하늘만 쳐다보라는 말씀일까? 데살로니가교회는 참으로 모범적인 교회였다. 믿음의 역사, 사랑의 수고, 소망의 인내가 있는 교회, 그래서 바울이 더 이상 충고하거나 권면할 말이 필요 없는 교회였다. 그 아름다운 소문이 온 지역에 널리 퍼졌다. 그런데 한 가지 문제가 있었다. 이들은 주님이 곧 재림하실 것이라는 생각 때문에 삶의 현장에서 최선을 다하지 않았다. '주님이 오실 텐데' 하면서 말이다. 이런 데살로니가교회를 향하여 바울이 뭐라고 권면했나?

"또 너희에게 명한 것 같이 조용히 자기 일을 하고 너희 손으로 일하기를 힘쓰라"(살전 4:11).

그렇다면 '깨어 있으라'는 무슨 뜻일까? 내일 주님이 오신다 해도, 내일 내가 하나님 앞에 선다고 해도 후회 없는 하루하루를 살며, 내게 맡겨진 삶에 최선을 다하는 것이 깨어 있는 것이다. 비록 내가 받은 것이 두 달란트에 불과하다 할지라도 저쪽에 다섯 달란트 받은 자처럼 최선을 다하는 것이 깨어 있는 것이다. 내 옆에 한 달란트 받은 자가 있다. 그 사람의 영향을 많이 받을 수 있는 위치에 있다. 하지만 '그같이 하여' 다섯 달란트 받은 사람처럼 살아가는 것이 깨어 있는 것이다. 우리는 깨어 있는가?

둘째, '옷을 입고 있으라.'

말세 교회를 뜻하는 라오디게아교회는 어떠했던가?

"네가 말하기를 나는 부자라 부요하여 부족한 것이 없다 하나 네

곤고한 것과 가련한 것과 가난한 것과 눈 먼 것과 벌거벗은 것을 알지 못하는도다"(계 3:17).

옷으로 육신의 몸은 가렸다. 하지만 마음속의 생각, 은밀히 행했던 일은 가리지 못했다. 우리는 볼 수 없지만 주님은 다 보신다. 벌거벗고 있기 때문이다. 무엇으로 내 수치를 가려야 하는가? 오직 한 가지밖에 없다.

"흰 옷을 사서 입어 벌거벗은 수치를 보이지 않게 하고"(계 3:18).

'흰 옷을 사서 벌거벗은 수치가 보이지 않게 해야 한다.' 흰 옷은 바로 예수 그리스도다.

"누구든지 그리스도와 합하기 위하여 세례를 받은 자는 그리스도로 옷 입었느니라"(갈 3:27).
"오직 주 예수 그리스도로 옷 입고 정욕을 위하여 육신의 일을 도모하지 말라"(롬 13:14).

우리의 벌거벗은 수치를 가려주실 분은 주 예수 그리스도밖에 없다. 십자가 위에서 흘리신 보혈로 흥건히 젖은 세마포만이 나의 벌거벗은 부분을 가려줄 수 있다.

예수님 맞을 준비됐나 진정 거듭났나요 예수님 피로

네 옷은 흰 눈보다 깨끗해졌나요 예수님 맞을 준비됐나
- '예수님 맞을 준비 됐나'(두나미스)

셋째, '벌거벗은 몸으로 돌아다니지 말라.'

이것이 무슨 뜻일까? 왜 돌아다니지 말라는 것인가?

하나, 돌아다니는 것은 사탄이 사는 삶의 방식이기 때문이다.

"여호와께서 사탄에게 이르시되 네가 어디서 왔느냐 사탄이 여호와께 대답하여 이르되 땅을 두루 돌아 여기저기 다녀왔나이다"(욥 1:7).

또 하나, 돌아다니는 것은 말세의 특징 중에 하나이기 때문이다.

"다니엘아 마지막 때까지 이 말을 간수하고 이 글을 봉함하라 많은 사람이 빨리 왕래하며 지식이 더하리라"(단 12:4).
"배신하며 조급하며 자만하며 쾌락을 사랑하기를 하나님 사랑하는 것보다 더하며"(딤후 3:4).
"지붕 위에 있는 자는 집 안에 있는 물건을 가지러 내려 가지 말며"(마 24:17).
"밭에 있는 자는 겉옷을 가지러 뒤로 돌이키지 말지어다"(마 24:18).
"그 때에 사람이 너희에게 말하되 보라 그리스도가 여기 있다 혹은 저기 있다 하여도 믿지 말라"(마 24:23).

그리고, 돌아다니는 것은 목표를 잃어버렸다는 뜻이기 때문이다.

"그러므로 나는 달음질하기를 향방 없는 것 같이 아니하고 싸우기를 허공을 치는 것 같이 아니하며"(고전 9:26).
"두 마음을 품어 모든 일에 정함이 없는 자로다"(약 1:8).

목표를 잃어버리지 말라는 뜻이다. 목표를 잃어버린 자들은 이것 좀 하다가 놓고, 저것 좀 하다가 포기하면서 세월을 다 허비해 버린다. 목표, 푯대를 잃어버리는 자가 된다. 우리는 푯대를 향하여 달려가야 한다.

"푯대를 향하여 그리스도 예수 안에서 하나님이 위에서 부르신 부름의 상을 위하여 달려가노라"(빌 3:14).
"오직 우리가 어디까지 이르렀든지 그대로 행할 것이라"(빌 3:16).

사랑하는 여러분!

우리가 안데르센의 『벌거숭이 임금님』에 주목해야 하는 이유는 무엇일까? 바로 '낯선 사람' 때문이다. 이들은 사람들을 미혹하여 세상을 어지럽히는 존재다. 어둠의 세력, 사탄이다. 이들은 다양한 조직의 안과 밖에서 시도 때도 없이 등장한다. 조직을 이끌어가는 사람들은 함량 미달의 '낯선 사람'에게 자기 옷을 만들게 한다. 권력자들은 '낯선 자'의 엉터리 같은 언행을 저지하기는커녕 그들에 빌붙어 이득을 취하고 자리를 유지하려 한다.

그리고 자신은 벌거벗은 줄도 모른 채 거리를 활보한다. 언론은 자기편에 있는 자라면 벌거벗고 있어도 무조건 아름답고 거든다. 한쪽 눈과 귀로만 보고 듣는 사람은 남의 비판과 충고를 신경 쓰지 않는다. 멋지다고 외쳐주는 군중 사이로만 돌아다니는 사람이 많다. '낯선' 사기꾼들에게 둘러싸여 벗은 몸으로 거리를 돌아다니다가 결국은 사람들에게 웃음거리가 되고 말았던 임금의 이야기는 오늘을 살아가는 우리들에게 시사하는 바가 크다.

지금 나는 어떤 모습인가? 옷을 입었는가? 어떤 옷을 입었는가?

"임금이 손님들을 보러 들어올새 거기서 예복을 입지 않은 한 사람을 보고 이르되 친구여 어찌하여 예복을 입지 않고 여기 들어왔느냐 하니 그가 아무 말도 못하거늘 임금이 사환들에게 말하되 그 손발을 묶어 바깥 어두운 데에 내던지라 거기서 슬피 울며 이를 갈게 되리라 하니라"(마 22:11-13).

아담과 하와는 벌거벗은 것이 무엇인지 모른 채 벌거벗고 다녔다.

"여호와 하나님이 아담과 그의 아내를 위하여 가죽옷을 지어 입히시니라"(창 3:21).

이런 두 사람에게 하나님은 무화과 잎 대신 가죽옷을 지어 입히셨다. 가죽옷은 예수 그리스도시다. 우리는 그리스도로 옷 입어야 한다. 그리스도로 옷 입으면 죄의 가림을 받는다. 이 단계를 뛰어넘어 생각해 보자. 군인이 군복을 입었다. 판사가 법복을 입고 나타났다. 의사가 가운을 입고 회진을 한다. 단지 벌거벗을 수치를 가리기 위함인가? 아니다. 그가 입은 옷은 그가 누구인지, 무엇을 하는 사람인지를 말해 준다. 그러므로 예수로 옷 입었다는 것은 주변의 사람들이 나를 볼 때 나를 '예수님으로 본다'는 것이다.

너 성결키 위해 늘 기도하며 너 주안에 있어 늘 성경보고
주 사귀어 살면 주 닮으리니 널 보는 이마다 주 생각하리
- '너 성결키 위해'(새찬송가 420장)

나는 지금 어떤 옷을 입고 있는가? 벌거벗은 몸으로 어디를 돌아다니고 있는가?

17
그가 이기시니 나도 이기리라
계 17:14

『눈먼 기독교』(국제제자훈련원, 2013)라는 책에서 저자는 오늘날의 기독교가 처한 상황을 따갑게 지적했다. 그는 기독교에서 내로라하며 내세우는 C.S. 루이스, 톨스토이, 슈바이처, 헨리 나우웬, 마틴 루터 킹 등 크리스천에게 영향을 끼친 사상가 80여 명을 언급하면서 교회가 이들의 사상을 무비판적으로 흡수한 탓에 정체성을 상실했고, 길을 잃었다고 주장했다. 그러면서 저자는 자신이 아프리카 수단에서 겪었던 황당한 일화를 곁들였다.

어느 날 그는 수단에서 시원한 콜라를 사려고 가게에 들어갔다. 콜라 한 병을 집어 들고 보니 병 모양은 분명 콜라인데 병뚜껑은 세븐업이었다. 병 안을 유심히 살피니 노란색 액체가 담겨 있는 것이 아닌가? 가게 주인에게 이유를 물었다. 그러자 가게 주인은 자기 나라는 워낙 가난해서 모든 것을 재활용하기 때문에 그런 것일 뿐, 내용물에 대해서는 걱정 안 해도 된다고 했다. 주인의 말을 믿은 그는

어린양과 함께할
삶의 방식

3

그 콜라를 샀다. 그러나 안에 담긴 노란 액체는 콜라가 아니라 오렌지 맛의 환타였다. 그래서 다시 가게를 찾아가 항의했다. 그러자 주인은 담담한 표정으로 "여기서는 내용물과는 전혀 상관없이 병 모양이 콜라면 그냥 콜라, 병 모양이 세븐업이면 그냥 세븐업이라고 부른다"고 말했다. 이게 말이 되는 이야기인가? 그런데 저자는 "오늘날 기독교가 그런 모습이 아닌가? 기독교라는 겉모양은 비슷한데, 내용은 전혀 다르지 않는가?"라고 물으며 아픈 정곡을 찔렀다. 겉으로 드러난 병 모양이 같다고, 그것을 콜라라고 할 수 있는가?

여자는 누구인가

요한계시록에는 '여자'가 자주 등장한다. 그중에서도 집중적으로 등장하는 곳이 요한계시록 12장이다. 여기서 '여자'란 단어가 무려 10번이나 등장했다. 오늘 요한계시록 17장에도 '여자'가 6번 언급됐다. '여자'와 동일한 뜻으로 쓰인 '음녀'(πόρνη, 포르네)까지 포함하면 똑같이 10번이다. 그러니까 12장과 17장에는 똑같이 10번씩 여자가 등장한다. 여기서 '여자'는 무엇을 상징할까? 요한계시록 12장의 여자와 동일한 뜻일까? 겉으로 볼 때는 똑같이 '여자'다. 헬라어 원문도 똑같이 γυνή(귀네)다. 겉으로 드러난 모양과 크기가 똑같다. 그래서 같은 콜라라고 단정해 버리면 될까?

우리는 12장에 등장하는 여자를 '교회'라고 해석하는데 이론의 여지가 없다고 보았다. 물론 요한계시록 12장 2절이 논란이 되기는 했다.

"여자가 아이를 배어 해산하게 되매 아파서 애를 쓰며 부르짖더라"(계 12:2).

여기서 아이는 예수 그리스도다. 교회는 예수 그리스도 승천 후에 생겼는데, 어떻게 교회가 아이를 배었다고 할 수 있는가? 하지만 사도행전 7장 38절에는 "광야 교회"가 언급된다. 호세아 2장 19-20절에는 하나님이 이스라엘 공동체에 장가들 것이라고 말씀한다. 이스라엘 공동체가 구약 교회다. 그러므로 요한계시록 12장의 여자는 교회임이 틀림없다.

그렇다면 17장의 '여자'도 똑같은 여자니까 '교회'를 뜻할까? 헬라어 원문도 똑같이 γυνή(귀네)가 아닌가. 겉으로 드러난 모양이 똑같은 콜라병이니 콜라라고 부르면 될까? 이 여자를 유심히 살펴보자.

첫째, 이 여자는 누구와 결탁하고 있는가?

"내가 보니 여자가 붉은빛 짐승을 탔는데 그 짐승의 몸에 하나님을 모독하는 이름들이 가득하고 일곱 머리와 열 뿔이 있으며"(계 17:3). "헤롯과 빌라도가 전에는 원수였으나 당일에 서로 친구가 되니라"(눅 23:12).

둘째, 이 여자는 이름은 왜 세 개나 되는가?

"그의 이마에 이름이 기록되었으니 비밀이라, 큰 바벨론이라, 땅의 음녀들과 가증한 것들의 어미라 하였더라"(계 17:5).

이 여자의 이름이 셋이다. (1) '비밀', (2) '큰 바벨론', (3) '땅의 음녀들과 가증한 것들의 어미'라는 이름이다. 이 이름들을 상황에 따라 다르게 사용한다. 이상하지 않은가? 이 이름들은 무슨 의미인가?

(1) 그 여자의 이름은 '비밀'이었다.

윌리엄 바클레이는 "무스테리온(μυστήριον, 비밀)이란 단어는 알기 어렵고 신비스러운 것을 의미하는 것이 아니고, 바벨론이란 이름으로 로마를 의미한다"고 했다. 외부인들은 모를지라도 당시 크리스천이면 다 아는 이야기라는 뜻이다.

(2) 그 여자의 이름은 '큰 바벨론'이었다.

여기에 '큰'이라는 수식어를 주목해야 한다(계 18:10, 18, 19, 21). 대단하다. 어마어마하다. 난공불락이다. 유혹적이다. 당시 로마가 '큰 바벨론'이었다는 뜻이다.

(3) 그 여자의 이름은 '음녀들과 가증한 것들의 어미'였다.

어미는 근원이라는 뜻이다. 당시 흘러넘쳤던 모든 가증한 것들의 원흉이 바로 이 '여자'인 것을 알 수 있다. 그래서인지 이 여자는 '붉은 짐승'을 타고 있다. 이는 '지배한다'는 뜻이다. 그리고 그 짐승의 몸에는 하나님을 모독하는 이름들로 가득했다(계 17:3).

셋째, 이 여자는 무엇을 먹고 있는가?

"또 내가 보매 이 여자가 성도들의 피와 예수의 증인들의 피에 취한지라 내가 그 여자를 보고 놀랍게 여기고 크게 놀랍게 여기니"(계 17:6).

17장의 여자는 피에 취해 있다. 바로 성도들의 피다. 예수의 증인들의 피다. '취해 있다'는 것은 '빠져 있다', '탐닉하다'란 뜻이다. 피를 너무 많이 마셔서 취해 버렸다. 피는 곧 생명이다. 그것도 아무 잘못이 없는 예수 믿는 자들의 피다. 이는 여자가 갖가지의 방법으로 예수 믿는 자를 핍박하고, 처형하는 것을 낙으로 삼고 있다는 뜻이다.

음녀를 분별하라

이 여자가 12장의 여자와 같을까? 완전히 다르다. 12장의 여자는 교회를 뜻한다. 하지만 17장의 여자는 겉으로는 똑같은 여자, 즉 교회의 모습으로 나타났지만 오히려 그 교회를 무너뜨리고, 성도들을 핍박하며, 하나님 나라를 훼방하려는 세력이다. 이 어둠의 세력은 태초부터 있었다. 그 어둠의 세력이 첫째 아담에게는 어떻게 나타났는가?

"너희가 그것을 먹는 날에는 너희 눈이 밝아져 하나님과 같이 되어 선악을 알 줄 하나님이 아심이니라"(창 3:5).

재미를 붙인 사탄이 둘째 아담에게는 어떻게 나타났는가?

"시험하는 자가 예수께 나아와서 이르되 네가 만일 하나님의 아들이어든 명하여 이 돌들로 떡덩이가 되게 하라"(마 4:3).

그때 사탄은 얼마나 예수님을 위하는 척했는가? 말세가 되면 이와 같은 '여자'가 우리 앞에 등장할 것이라는 이 사실을 바울 사도는 우리에게 이렇게 알려줬다.

"이것은 이상한 일이 아니니라 사탄도 자기를 광명의 천사로 가장하나니"(고후 11:14).
"거짓 선지자들을 삼가라 양의 옷을 입고 너희에게 나아오나 속에는 노략질하는 이리라"(마 7:15).

교회를 파괴하려는 영적 세력이 있다. 이 여자는 짐승과 결탁하고 있으며, 대단히 유혹적이며, 더 나아가 피를 탐닉하는 존재다. 음녀와 같은 존재다. 같은 콜라병이지만 내용이 완전히 다르다. 그러므로 우리는 영적 분별력을 가져야 한다.

"영적인 일은 영적인 것으로 분별하느니라"(고전 2:13).

"어떤 사람에게는 영들 분별함을"(고전 12:10).

17장의 여자는 교회를 파괴하려는 세력이다. 어둠의 세력의 총집합이다. 이 세력들이 마지막 대전을 일으키려고 준비 중이다. 어디에서 전투를 벌이려 하는가? "아마겟돈"이다(계 16:16). 누구와 전투를 벌이려 하는가?

"그들이 어린양과 더불어 싸우려니와"(계 17:14).

어린양과 함께 승리의 개가를 부르리!

그런데 그 전투의 결과는 어떻게 되는가?

"그들이 어린양과 더불어 싸우려니와 어린양은 만주의 주시요 만왕의 왕이시므로 그들을 이기실 터이요 또 그와 함께 있는 자들 곧 부르심을 받고 택하심을 받은 진실한 자들도 이기리로다"(계 17:14).

어린양이 승리하신다. 왜냐하면 어린양 예수는 죽음을 이기신 만주의 주시오, 만왕의 왕이시기 때문이다. 어린양이 승리하시니 그 어린양을 따르는 하나님의 자녀들, 곧 부르심을 받고 택하심을 받은 진실한 자들도 이긴다. 다윗이 골리앗을 이기니 결국 누가 승리한 셈이 되었는가? 이스라엘이 승리한 셈이 되었다. 우리는 승리의 개가를 이렇게 외칠 수 있다.

"사망아 너의 승리가 어디 있느냐 사망아 네가 쏘는 것이 어디 있느냐 사망이 쏘는 것은 죄요 죄의 권능은 율법이라 우리 주 예수 그리스도로 말미암아 우리에게 승리를 주시는 하나님께 감사하노니"(고전 15:55-57).

사랑하는 여러분!

어린양을 대적하며, 우리를 삼키려던 원수들의 종말은 어떻게 되는가?

"네가 본 바 이 열 뿔과 짐승은 음녀를 미워하여 망하게 하고 벌거벗게 하고 그의 살을 먹고 불로 아주 사르리라"(계 17:16).

무슨 말인가? 원수들은 자중지란을 일으킨다. 그리고 마지막에는 무저갱에 끌려 들어간다.

"또 내가 보매 천사가 무저갱의 열쇠와 큰 쇠사슬을 그의 손에 가지고 하늘로부터 내려와서 용을 잡으니 곧 옛 뱀이요 마귀요 사탄이라 잡아서 천 년 동안 결박하여 무저갱에 던져 넣어 잠그고 그 위에 인봉하여 천 년이 차도록 다시는 만국을 미혹하지 못하게 하였는데 그 후에는 반드시 잠깐 놓이리라"(계 20:1-3).

반면에 하나님의 자녀들은 어린양과 함께 승리의 개가를 부르며, 보좌 앞에서 어린양께 영광과 찬송을 올리게 된다.

피난처 되시는 주 예수 영원한 승리의 왕
주님의 얼굴을 구할 때 주의 빛 비추시네
전쟁은 주님께 속했네 승리는 우리의 것
예수의 이름을 높이며 영원히 찬양하리
주님의 임재에 온 땅 흔들리고 우리 기도에 하늘문 여시네
온 민족과 열방 주께 경배해 영원 영원히 보좌에 계신 왕께
- '피난처 되시는 주 예수'(Nag Wah Lok)

어린양이 이기셨다. 그분은 만주의 주시오, 만왕의 왕이시다. 그분이 이기셨기에 우리 또한 승리하게 될 것이다. 이렇게 우리는 그 전쟁의 결과를 알고 있다. 왜냐하면 우리는 포도나무에 붙은 가지이기 때문이다(요 15:1-2). 포도나무가 승리하면 우리도 함께 승리자가 된다. 두려워하지 말고 주님을 붙잡고 믿음의 행진을 하며 나아가는 우리가 되기를 주의 이름으로 축원한다.

18
땅에 앉아 하늘을 사는 사람
계 18:4-10

    2024년 4월 10일(수)은 총선일로 임시공휴일이었다. 오전 예배를 마치고, 집에 들어가 모처럼 느긋하게 넷플릭스 리모컨을 들었다. '요즘 핫한 게 뭐가 있을까?'라고 생각하며 둘러보던 중, '삼체'라는 드라마가 눈에 들어왔다. '삼체(三體)는 삼위일체의 약자가 아닌가?' 이렇게 중얼거리며 화면을 열었다. 그런데 아니었다. 여기서 삼체는 '삼체 문제'(3 Body Problem)였다. 이 작품은 중국 작가 류츠신의 SF소설을 원작으로, 넷플릭스에서 제작비 1,260억 원을 들여 3부 드라마로 제작하여 방영을 시작했는데 당시 세계 시청 순위 1위(TV 부문)에 올랐다고 한다.

    삼체(3 Body Problem)는 천체물리학 용어다. 이는 물체 간의 상호작용을 나타내는데, 세 개의 각각 다른 질량을 가진 천체가 서로의 중력에 의해 상호 작용하는 시스템을 말한다. 간단한 예로는 태양-지구-달이 있다. 태양은 지구에 대해 중력을 미치고, 지구는 달에 대해 중력을 미치며, 달 역시 지구와 태양에 대해 중력을 미친다. 이 삼체, 즉 세 천체 각각의 운동은 서로에 의해 복잡하게 영향을 주고 받는다. 지구는 달 때문에 조수 현상이 나타난다. 달은 지구의 궤도를 돌면서 지구와 태양의 중력에 의해 변형된다. 이 점에 착안하여 류츠신은 이런 3중 항성계를 가진 외계 문명, 즉 또 다른 삼체(三體)가 분명 있을 것이라는 가설 하에서 소설을 전개해 나간다.

삼체는 중국의 문화대혁명 시기인 1960년대를 배경으로 둔다. 이 혁명으로 천안문 광장에서 물리학자 아빠(예저타이)가 수많은 인민에 의해 공개 인민재판을 받고선 비참하게 처형된다. 이 모습을 지켜본 딸 예원제는 우주에 인류의 존재를 알리는 메시지를 보낸다. 하지만 이 메시지는 인류에게 치명적인 위협을 가져온다. 외계 문명이 지구를 침공하기 위해 준비하는 것이 드러나면서 인류는 위기에 직면한다. 예원제는 삼체인이 지구로 향하고 있다는 사실을 알게 된다. 이와 동시에 지구에서 세계적인 물리학자들이 잇달아 죽음을 맞이한다. 이런 일들을 조사하는 이들은 이러한 사건들을 조사하면서 물리학 법칙이 무너지는 현상을 목격한다. 이에 PDC(행성방위이사회)가 갖가지의 방법으로 대응한다는 줄거리다.

나의 관심은 문화대혁명 때 공개적으로 비난을 받아 처형된 물리학자의 죄목이었다. 표면상 죄목은 상대성이론, 빅뱅이론을 가르쳤다는 것이었지만 사실 '신의 영역이 있을 수 있다. 신의 존재 여부는 무엇으로도 증명할 수 없다'고 하며 신 존재를 '인정했다'는 것이었다. 역린을 건드린 것이다. 물리학자인 베라 예 교수도 자기 밑에서 연구하는 연구원 5인방 중 하나인 사울에게 "신을 믿어?"라는 질문을 던진 후 생을 마감했다.

신이 있다면 그곳은 어떤 곳일까? 요한계시록은 오늘 우리가 머물고 있는 땅과는 전혀 다른 세계가 존재함을 알려준다. 류츠신이 상상한 공상의 세계와는 완전히 다른 세계다. 하지만 지구와는 전혀 다른 또 하나의 세계가 존재한다는 가설로 출발하고 있는 점은 유의해 볼만하다.

우리의 현주소지, 바벨론은 어떤 곳인가

우리는 지금 어디에 머물고 있는가? 요한계시록은 현재 우리의 주소지를 바벨론이라고 명명하고 있다. 그 바벨론이 어떠한가?

첫째, 바벨론은 대단히 크다(계 18:10).

바벨론을 언급할 때마다 '큰'(μέγας, 메가스)이라는 수식어가 따라 붙는다. 여기서 '큰'은 단순히 규모만을 뜻하지 않는다. '힘이 있다', '대단하다', '막강하다', '무시 못 할 존재'라는 뜻이 더 강하다. 그러니까 밖으로 드러나는 힘, 그가 쏟아내는 괴력을 뜻한다.

둘째, 바벨론은 대단히 화려하다(계 18:16).

바벨론은 아름답고 화려하게 자신을 치장하고선 나타난다. 본 모습이 어떤지 알 수 없을 정도로 화려하게 꾸몄다. 사탄은 이렇게 자기를 위장한다(고후 11:14).

셋째, 바벨론은 대단히 풍요롭다(계 18:12-13).

여기에 열거된 목록이 28가지다. 요한계시록의 숫자는 한결같이 상징성을 갖고 있다. 28이란 숫자는 4×7=28다. 여기서 4는 동서남북, 7은 완전수이므로, 28은 여기에 열거된 것들이 지구촌 전체에 미친다는 뜻이다.

넷째, 바벨론은 대단히 교만하다(계 18:7).

"결단코 애통함을 당하지 아니하리라." 자신의 행복과 불행, 생명과 죽음을 통제할 수 있다는 뜻이 아닌가! 이런 교만이 어디 있는가?

다섯째, 바벨론은 어둠의 영이 지배한다(계 18:2).

더러운 영들이 득실댄다. 지금은 첨단 시대임에도 어둠의 영들이 모든 것을 지배하고 있다. 이렇게 바벨론, 오늘 우리가 몸을 담고 있는 세상은 크고. 화려하다. 풍요롭고, 교만하다. 무엇보다 어둠의 영이 지배하고 있다. 그래서 하나님과 대척점에 서서 창조주 하나님의 주권, 다스림, 임재를 거부한다. 그 배후에는 누가 꽈리를 틀고 있는가? 사탄이다. 하늘로부터 내쫓긴 이 사탄이 온 천하를 꾀고 있다(계 12:9).

이미 무너진 바벨론

이런 바벨론의 종말은 어떻게 되는가? 곧 무너진다.

"무너졌도다 무너졌도다 큰 성 바벨론이여"(계 18:2).

그런데 미래시제를 쓰지 않는다. 과거완료시제를 쓴다. 더 나아가 그 멸망이 신속히 진행될 것임을 강조한다.

"그러므로 하루 동안에 그 재앙들이 이르리니"(계 18:8).
"큰 성, 견고한 성 바벨론이여 한 시간에 네 심판이 이르렀다 하리로다"(계 18:10).
"그러한 부가 한 시간에 망하였도다"(계 18:17).
"한 시간에 망하였도다"(계 18:19).

사실, 이 바벨론의 멸망은 구약시대에 선포됐다.

"열국의 영광이요 갈대아 사람의 자랑하는 노리개가 된 바벨론이 하나님께 멸망당한 소돔과 고모라 같이 되리니 그 곳에 거주할 자가 없겠고 거처할 사람이 대대에 없을 것이며 아라비아 사람도 거기에 장막을 치지 아니하며 목자들도 그곳에 그들의 양 떼를 쉬게 하지 아니할 것이요"(사 13:19-20).
"바벨론이 돌무더기가 되어서 승냥이의 거처와 혐오의 대상과 탄식 거리가 되고 주민이 없으리라"(렘 51:37).

우리는 지금 바벨론 땅에 살고 있다. 그 바벨론이 무너진다는 것이다.

"그가 불타는 연기를 보고 외쳐 이르되 이 큰 성과 같은 성이 어디 있느냐 하며 티끌을 자기 머리에 뿌리고 울며 애통하여 외쳐 이르되 화 있도다 화 있도다 이 큰 성이여 바다에서 배 부리는 모든 자들이 너의 보배로운 상품으로 치부하였더니 한 시간에 망하였도다"(계 18:18-19).

그 옛날 소돔성이 무너졌듯이, 여리고성, 로마제국, 독일제국, 구소련이 한순간에 무너졌듯이 무너질 것이다. 한순간에 말이다. 그렇다면 오늘 우리는 바벨론과 같은 이 땅에서 어떻게 살아야 하는가?

바벨론에서 살아가는 법

요한계시록 18장을 유심히 살피면 보석과 같은 세 번의 명령어를 발견할 수 있다. 그 말씀을 찾아 순응해야 한다. 이것이 우리가 취해야 할 태도이자 주님이 우리에게 제시하시는 길이다. 그 세 번의 명령어가 무엇인가?

첫째, 내 백성아 거기서 나오라.

"내가 들으니 하늘로부터 다른 음성이 나서 이르되 내 백성아, 거기서 나와 그의 죄에 참여하지 말고 그가 받을 재앙들을 받지 말라"(계 18:4).

핵심은 '거기서 나오라'라는 명령이다. 거기는 물론 바벨론, 즉 세상을 뜻한다. 그렇다면 그런 세상과 결별하라는 뜻일까? 아니면 그 옛날 유대교의 에세네파처럼 속세를 떠나 은둔생활을 하라는 말씀일까? 아니면 바울의 고백처럼 이 세상을 떠나 주님과 함께하라는 것일까?

"우리가 담대하여 원하는 바는 차라리 몸을 떠나 주와 함께 있는 그것이라"(고후 5:8).

물론 그런 바람이 있다. 하지만 그게 아니다.

"그런즉 우리는 몸으로 있든지 떠나든지 주를 기쁘시게 하는 자가 되기를 힘쓰노라"(고후 5:9).

세상의 죄에서 나오라는 말씀이다. 더 이상 죄에 참여하지 말라는 뜻이다. 이 땅에서 주를 기쁘시게 해 드리는 일을 하라는 것이다. 어떻게 하면 주를 기쁘시게 할 수 있는가? 빛과 소금이 돼야 한다. '내 백성아 거기서 나오라' 우리는 지금 어디에 몸담고 있는가?

둘째, 갑절을 갚아 주라. 대적하라.

"그가 준 그대로 그에게 주고 그의 행위대로 갑절을 갚아 주고 그가 섞은 잔에도 갑절이나 섞어 그에게 주라"(계 18:6).

여기에 '그'라는 대명사가 네 번이나 언급된다. 누구를 가리키는 것일까? 문맥을 따라 올라가 보면 '그'는 큰 성 바벨론임을 알 수 있다. 그러니까 6절을 쉽게 풀이하면 이렇다.

"바벨론이 너에게 준 그대로 바벨론에게 주고, 바벨론의 행위대로 갑절을 갚아주고, 바벨론이 섞은 잔에도 갑절이나 섞어서 바벨론에게 주라"

이는 '피하지 말고 맞서라'는 뜻이다. 눈을 부릅뜨고, 등을 보이지 말고, 두려워하는 표정을 보이지 말고, 대항하라. 마치 골리앗을 대항하던 다윗처럼 맞서라.

"다윗이 블레셋 사람에게 이르되 너는 칼과 창과 단창으로 내게 나아 오거니와 나는 만군의 여호와의 이름 곧 네가 모욕하는 이스라엘 군대의 하나님의 이름으로 네게 나아가노라"(삼상 17:45).
"그런즉 너희는 하나님께 복종할지어다 마귀를 대적하라 그리하면 너희를 피하리라"(약 4:7).

하나님께 복종하고, 마귀에 대적하는 것. 이게 우리의 좌우명이 돼야 한다. 하나님께는 무조건 순종이다. 순종을 넘어 복종이다. 이유가 없다. 하나님이 말씀하셨으면 무조건 '네'다. '아멘'이다. 하지만 마귀는 대적해야 한다. 대적하면 마귀는 우리를 피한다. 우리 안에 주님이 계시는 것을 보고 있기 때문이다. 마귀는 다 본다. 우리 안에 누가 있는지, 우리가 누구의 지배를 받는지 다 보고 있다. '그대로, 행위대로, 갑절을' 이게 우리의 슬로건이 돼야 한다. 주먹을 불끈 쥐고 따라해 보자. '그대로, 행위대로, 갑절을'

"우리는 뒤로 물러가 멸망할 자가 아니요 오직 영혼을 구원함에 이르는 믿음을 가진 자니라"(히 10:39).

셋째, 그로 말미암아 즐거워하라.

"하늘과 성도들과 사도들과 선지자들아, 그로 말미암아 즐거워하라 하나님이 너희를 위하여 그에게 심판을 행하셨음이라 하더라"(계 18:20).

여기서 대명사 '그'는 누구를 가리킬까? 두말할 필요 없이 하나님이시다. 보좌에 앉으신 하나님을 뜻한다. 하나님을 즐거워하는 것. 그게 마지막 비결이다. 웨스트민스터 소요리문답 제1문 1답은 뭐라고 하는가? "사람의 제일 되는 목적이 무엇인가?", "그것은 하나님을 영화롭게 하는 것과 영원토록 그를 즐거워하는 것이다"(고전

10:31; 롬 11:36; 시 73:24-26; 요 17:22-24).

"너희는 성령을 따라 행하라 그리하면 육체의 욕심을 이루지 아니하리라"(갈 5:16).

예수님에게 푹 빠져라. 이것이 "그로 말미암아 즐거워하라"는 말씀 속에 담긴 핵심이다.

다시 정리하면 이렇다.

첫째, 하늘 가치를 구현하는 삶을 살아가라.

주님께서는 니고데모에게 위로부터 다시 태어나야 한다고 말씀하셨다. 즉 우리는 두 번째 출생 가치로 살아야 한다. 우리로 하여금 그러한 가치를 따라 살게 하시려고 주님은 이 땅에 오시고, 죽으시고, 부활하셨다.

둘째, 작품 인생으로 살아가라.

바벨론에 대한 수식어는 계속해서 '큰', 혹은 '견고한'이다. 큰 것만을 추구하는 인생은 '상품 인생'이다. 경쟁 이데올로기에 붙들려 살아가게 된다. 바로 이런 거짓 이데올로기를 극복하도록 하기 위하여 주님이 이 땅에 오셨다. 그 주님을 따르는 자는 어떻게 살아야 하는가? 남보다 앞서가고, 먼저 가는 것을 목표로 두지 않고, 주님처럼 살아가기 위해 힘써야 한다. 이게 '작품 인생'이다.

셋째, 겸손한 삶을 살아가라.

바벨론이 무너진 주요한 이유가 무엇일까? 음행, 사치, 치부, 불의한 행동 등 여러 요인이 있다. 그 뿌리는 무엇일까? 자신의 모든 것을 다 통제할 수 있다는 교만이다.

"그가 마음에 말하기를 나는 여왕으로 앉은 자요 과부가 아니라 결단코 애통함을 당하지 아니하리라"(계 18:7).

사랑하는 여러분!

요한계시록 18장을 살펴보았다. 우리는 지금 짐승, 큰 음녀, 큰 바벨론, 세상, 사탄이 우는 사자와 같이 삼킬 자를 찾는 곳에 그 주소지를 두고 있다. 내 눈앞에 세상이라는 공작새가 다섯 가지의 색상의 날개를 활짝 펴서 우리를 미혹하고 있다. 정신을 차려야 한다. 어떻게 살아야 하는가? 세 개의 명령어를 뇌리에 새겨야 한다.

첫째, 내 백성아 거기서 나오라(계 18:4).
둘째, 갑절을 갚아주라(계 18:6).
셋째, 그로 말미암아 즐거워하라(계 18:20).

우리는 비록 이 땅에 몸담고 있지만, 하늘의 시민권을 가진 자다.

"그러나 우리의 시민권은 하늘에 있는지라 거기로부터 구원하는 자 곧 주 예수 그리스도를 기다리노니"(빌 3:20).

즉, 땅에 앉아 하늘을 사는 사람들이다. 땅의 가치가 아닌 하늘의 가치를 구현하는 삶을 살아가야 한다. 상품 인생이 아닌 작품 인생의 삶을 살아가야 한다. 교만이 아닌 겸손의 삶을 살아야 한다. 우리는 바벨론에 머물 자들이 아니다. 뒤에 있는 것은 잊어버리고 앞에 있는 것을 잡으려고 푯대를 향하여 달려가는 자들이다. 그곳에 나를 위한 면류관이, 부름의 상이 준비되어 있다. 십자가로 승리하신 우리 주님이 우리에게도 승리의 면류관을 씌워 주실 것이다. 이 면류관을 받아 누리는 주의 귀한 자녀들이 다 될 수 있기를 소원한다.

19
하늘문이 열리고
계 19:11-18

바탐 선교지에 다녀왔다. 학교 졸업식을 주관하기 위해서다. 모든 일정을 끝내고 숙소로 돌아와 가방을 챙겼다. 며칠간 머물던 숙소를 떠나 고향으로 돌아가기에 앞서 마지막으로 책상에 앉았다. 그리고 성경을 펴고 요한계시록 19장을 또박또박 읽었다. 우리는 나그네, 본향을 향해 가는 거류민임이 실감이 났다. 두 번, 세 번 반복하여 읽었다. 그래, 오늘은 '가방'이라도 챙겨 나가지만 그날에는 다 두고 가야 할 인생이구나! 그래서 요한계시록 19장이 더 와 닿았다. 19장은 그 유명한 '재림장'이기 때문이다.

먼저, 귀가 열렸다. 그리고 세 번의 '할렐루야'가 들렸다. 1, 3, 6절이다. 다음에는 눈이 열렸다. 그래서 세 번의 '보다'가 눈에 들어왔다. 11, 17, 19절이다. 귀가 열리고 눈이 열리니 놀라운 깨달음이 찾아왔다. 그것은 8, 13, 14절의 옷에 대한 깨달음이다. 차례대로 살펴보자.

먼저, 세 번의 할렐루야 중 첫 번째는 구원에 대한 감사와 감격의 찬양이다. 두 번째 '할렐루야'는 소리가 나지 않는다. 단지 연기가 올라갈 뿐이다. 세세토록 올라갈 뿐이다. 그런데 그 연기를 보면서 하늘의 이십사 장로와 네 생물이 엎드려 절을 한다. 그 연기는 대속물로 태워져 하늘로 올리우시는 어린양 예수 그리스도였기 때문이다. 세 번째 '할렐루야'는 '혼인 잔칫집'에서 울려 퍼졌다. 성경에서 잔치 특히 '혼인 잔치'는 풍요로움, 기쁨, 그리고 즐거움을 뜻하는 메타포(Metaphor)다. 그 잔치는 언제나 신랑이신 주님이 주인이시다. 때문에 그 주님이 이 땅에 오셨을 때 하늘의 허다한 천군과 천사들이 기쁨의 찬양을 노래했다. 드디어 가나 혼인 잔칫집에서 공생애가 시작됐다. 그 집에 포도주가 떨어져 걱정과 근심이 태산 같았을 때 주님은 그 근심을 기쁨으로 바꾸어 주셨다. 이후, 주님은 가시는 곳마다 기쁨과 즐거움을 안겨 주셨다. 굶주린 자들에게는 배부름, 병든 자들에게는 치유, 약한 자들에게는 강함, 귀신 들린 자들에게는 온전함, 죽은 자들에게는 새 생명의 환희와 놀라움 그리고 기쁨이 넘치게 하셨다.

재림의 주님

그 주님이 드디어 하늘로 승천하셨다. 승천하시면서 주님은 다시 하늘로부터 재림하실 것을 약속하셨다. 그때가 언제냐? 바로 하늘에서 어린양의 '혼인 잔치'가 펼쳐질 때다. 사도 요한의 귀와 눈이 열렸다. 하늘에서 펼쳐지는 혼인 잔치를 보았다. 그중에서 가장 먼저 본 것이 무엇인가?

"하늘이 열린 것을 보니 보라 백마와 그것을 탄 자가 있으니 그 이름은 충신과 진실이라 그가 공의로 심판하며 싸우더라"(계 19:11).

요한은 지금 누구를 보고 있는가? 바로 재림의 주님이다. 초림의 주님은 '연한 순' 같으신 갓난아기로 오셨다(사 53:1). 초초한 구유에 누우셨다. 배고픔과 피곤을 느끼셨고, 슬퍼하며 눈물을 흘리기도 하셨다. 심지어 사망의 권세 아래 힘없이 굴복하시는 듯 보였다. 하지만 재림의 주님은 아니다.

첫째, 그분은 백마를 타고 나타나신다.

백마는 강함, 그리고 승리를 상징한다. 하늘을 열고, 힘 있고, 강한 분으로 강림하신다. 여기에서 끝나지 않는다. 요한은 백마를 타고 재림하시는 그분을 자세히 또 보았다. 그리고 그가 본 것을 이렇게 묘사했다.

"그 눈은 불꽃 같고 그 머리에는 많은 관이 있고 또 이름 쓴 것 하나가 있으니 자기밖에 아는 자가 없고 또 그가 피 뿌린 옷을 입었는데 그 이름은 하나님의 말씀이라 칭하더라"(계 19:12-13).

둘째, 그 눈은 불꽃 같았다.

이 불꽃을 누가 제일 먼저 보았는가? 아브라함이다(창 15:17). 그리고 그분은 모세 앞에 떨기나무 불꽃으로 나타나셨다(출 3:1). 그 불꽃이 일곱 교회 앞에 나타나셨다(계 1:14). 무슨 뜻일까? 그분 앞에서 감출 수 있는 것이 없다는 뜻이다(마 10:26; 눅 12:2). 우리의 과거, 현재, 미래가 다 드러난다는 뜻이다.

셋째, 머리에는 관들이 씌어 있었다.

여기에 관은 물론 면류관, 영광의 관이다. 그런데 많은 관이다. 세상에 아무리 많은 종류의 관을 드릴지라도 그분이 하신 일들을 온전히 드러낼 수 없다는 뜻이다. 요한계시록 4장을 보면 하늘의 이십사 장로들이 자신들이 받은 관을 보좌 앞에 드리며 엎드려 경배한다(계 4:10). 하지만 그 관들로도 그분이 하신 일들을 다 드러낼 수 없다.

넷째, 그분은 피 뿌린 옷을 입으셨다(계 19:13).

피 뿌린 옷, 골고다 십자가를 떠올리게 하는 옷이다. 죄인들의 대속 제물이 되셔서 피를 쏟으신 그분만이 인류의 유일한 구원자, 어린양이시란 뜻이다.

다섯째, 그분은 사망의 권세를 이기셨다.

"나는 처음이요 마지막이니 곧 살아 있는 자라 내가 전에 죽었었노라 볼지어다 이제 세세토록 살아 있어 사망과 음부의 열쇠를 가졌노니"(계 1:17-18).

왜 이렇게 어린양이신 그분을 구체적으로 묘사하는가? 말세가 되면 가짜 재림주가 많이 나타날 것이기 때문이다. 주님이 말씀하셨다.

"그때에 어떤 사람이 너희에게 말하되 보라 그리스도가 여기 있다 보라 저기 있다 하여도 믿지 말라"(막 13:21).
"사람이 너희에게 말하되 보라 저기 있다 보라 여기 있다 하리라 그러나 너희는 가지도 말고 따르지도 말라"(눅 17:23).
"거짓 선지자들을 삼가라 양의 옷을 입고 너희에게 나아오나 속에는 노략질하는 이리라"(마 7:15).

그러므로 아무나 재림주라고 따라서는 안 된다.

다시 오실 주님

하나님이 메시아, 즉 구원자를 보내시겠다고 하셨을 때, 성경을 통해서 구체적으로 말씀하셨다. '아브라함의 후손, 다윗의 혈통이 처녀의 몸, 유대 땅 베들레헴, 나사렛에서 성장하실 것이다.' 이 모든 것이 충족되지 않으면 그는 하나님이 보내신 메시아, 즉 구원자가 아니다. 마찬가지다. 다시 오실 재림의 주님도 다섯 가지가 충족되어야 한다. 그중에 가장 중요한 것이 무엇일까? '피 뿌린 옷'이다 (계 19:13). 피 뿌린 옷을 입으셔야 한다. 십자가 위에서 죄인인 우리를 위하여 죽으셨다가 사흘 만에 부활하신 바로 그분만이 유일한 어린 양이요, 재림주이시다. 그 주님이 다시 오실 것을 약속하셨다.

"너희는 마음에 근심하지 말라 하나님을 믿으니 또 나를 믿으라 내 아버지 집에 거할 곳이 많도다 그렇지 않으면 너희에게 일렀으리라 내가 너희를 위하여 거처를 예비하러 가노니 가서 너희를 위하여 거처를 예비하면 내가 다시 와서 너희를 내게로 영접하여 나 있는 곳에 너희도 있게 하리라"(요 14:1-3).

이 말씀을 십자가 처형을 당하시기 직전에 하셨다. 그리고 두 가지를 약속하셨다. 하나는 사흘 만에 다시 살아나리라. 또 하나는 다시 오리라. 그런데 어떻게 되었는가? 사흘 만에 다시 살아나셨다. 사망의 권세를 깨치시고 부활하셨다. 그때 그 현장에 나타난 두 천사가 이렇게 증언했다.

"여자들이 두려워 얼굴을 땅에 대니 두 사람이 이르되 어찌하여 살아 있는 자를 죽은 자 가운데서 찾느냐 여기 계시지 않고 살아나셨느니라"(눅 24:5-6).

'살아나셨느니라. 할렐루야!' 그렇다면 나머지 또 하나, '다시 오마' 하고 약속하신 말씀은 어떻게 될까? 반드시 이루어질 것이다. 주님이 승천하실 때 흰옷 입은 두 천사가 다시 나타난다. 그리고 무엇이라 증언하는가?

"이르되 갈릴리 사람들아 어찌하여 서서 하늘을 쳐다보느냐 너희 가운데서 하늘로 올려지신 이 예수는 하늘로 가심을 본 그대로 오시리라 하였느니라"(행 1:11).

당사자이신 주님은 이 사실을 세 번이나 강조하신다.

"보라 내가 속히 오리니 이 두루마리의 예언의 말씀을 지키는 자는 복이 있으리라 하더라"(계 22:7).
"보라 내가 속히 오리니 내가 줄 상이 내게 있어 각 사람에게 그가 행한 대로 갚아 주리라"(계 22:12).
"이것들을 증언하신 이가 이르시되 내가 진실로 속히 오리라 하시거늘"(계 22:20).

그때 사도 요한은 어떻게 반응하는가?

"아멘 주 예수여 오시옵소서"(계 22:20).
"볼지어다 그가 구름을 타고 오시리라 각 사람의 눈이 그를 보겠고 그를 찌른 자들도 볼 것이요 땅에 있는 모든 족속이 그로 말미암아 애곡하리니 그러하리라 아멘"(계 1:7).

사랑하는 여러분!

성경은 예언의 책이다. 특히 주님의 재림에 대한 약속으로 가득

차 있다. 이사야서는 모두 66장으로 이루어져 있는데 1, 2, 3부로 나눌 수 있다. 제3부가 45장-66장까지다. 전부 재림에 관한 예언이다. 다니엘서는 더 구체적으로 주님의 재림을 말하고 있다. 스가랴서는 대부분이 주님의 재림에 초점을 맞추고 있다. 이 성경의 말씀이 99.99% 이루어졌다. 나머지 아직 이루어지지 않은 것이 하나 있다면 그것은 주님의 재림이다. 지금까지 99.99%가 이루어졌다면 나머지 0.01%는 이루어진 것이나 다를 바 없다. 때문에 초대교회 성도들은 말로 형언할 수 없는 캄캄한 지하, 카타콤에서 생활하면서도 만나면 반갑게 인사했다. '마라나타'라고 말이다(고전 16:22).

종교개혁자들이 거대한 로마 가톨릭에 대항하여 개혁의 횃불을 들고일어난 것은 자기 생명과 맞바꾸는 일이었다. 그들에게 재림의 약속은 그 어떤 슬픔과 시련도 극복할 수 있는, 그들을 충만케 하는 기쁨이었다. 존 위클리프는 "그리스도의 재림은 교회의 소망이다"라고 했고, 칼뱅은 그리스도의 영광스러운 재림을 "모든 사건 중에서 가장 복된 사건"이라고 명명했다. 이같이 주의 신실한 자녀들에게 그리스도의 재림은 두려워해야 할 일이 아니라 환영해야 할 일이었다. 그렇다면 우리는 무엇을 준비해야 할까? 그것은 '옷'이다. 우리가 입어야 할 옷은 무엇일까?

첫째, 흰 세마포 옷이다(계 19:8).

이 옷은 우리가 반드시 입어야 할 옷이다. 성경은 이 옷을 '성도들의 옳은 행실'이라고 명명했다. 우리가 재림의 주님을 맞이하려면 이 옷을 입어야 한다. 이 옷을 입어야 혼인 잔치에 참여할 수 있다.

둘째는 피 뿌린 옷이다(계 19:13).

이 옷은 누가 입고 계시는가? 어린양, 혼인 잔치의 신랑이 입으신 옷이다.

셋째, 희고 깨끗한 옷이다(계 19:14).

이 옷은 누가 입고 있는가? 우리보다 앞서 믿음의 경주를 경주한 신앙의 선배들이다. 이들은 한결같이 희고 깨끗한 옷을 입고선 주님과 함께 나타날 것이다(살전 4:14-16).

"우리가 예수께서 죽으셨다가 다시 살아나심을 믿을진대 이와 같이 예수 안에서 자는 자들도 하나님이 그와 함께 데리고 오시리라"(살전 4:14).
"주께서 호령과 천사장의 소리와 하나님의 나팔 소리로 친히 하늘로부터 강림하시리니 그리스도 안에서 죽은 자들이 먼저 일어나고"(살전 4:16).

이 재림의 주님을 믿는다면 우리는 무엇을 준비해야 하는가? 그 것은 '흰 세마포'다. 이 세마포를 주님은 '예복'이라고 하셨다.

"임금이 손님들을 보러 들어올새 거기서 예복을 입지 않은 한 사람을 보고 이르되 친구여 어찌하여 예복을 입지 않고 여기 들어왔느냐 하니 그가 아무 말도 못하거늘 임금이 사환들에게 말하되 그 손발을 묶어 바깥 어두운 데에 내던지라 거기서 슬피 울며 이를 갈게 되리라 하니라"(마 22:11-13).

그러니까 관건은 예복, 즉 '흰 세마포'다. 이 흰옷이 무엇일까?

"오직 주 예수 그리스도로 옷 입고 정욕을 위하여 육신의 일을 도모하지 말라"(롬 13:14).

흰옷은 예수 그리스도시다. 나를 위해 피 흘려 돌아가신 예수 그리스도시다. 이 예수 그리스도를 머리부터 발끝까지 입어야 한다. 그의 보혈로 씻어야 한다. 그를 힘입어야 한다.

나는 정말 희고 깨끗한 옷을 입고 있는가? 신랑을 맞이할 준비가 돼 있는가? 이미 하늘문은 열렸다. 하나님의 심판이 시작되었다. 그래서 세례 요한은 '임박한 진노', '도끼가 나무 뿌리에 놓여 있는 상태'라고 경고한다.

"이미 도끼가 나무 뿌리에 놓였으니 좋은 열매를 맺지 아니하는 나무마다 찍혀 불에 던져지리라"(마 3:10).

그러므로 우리 모두 회개에 합당한 열매를 맺어 흰 세마포를 입고, 주님을 맞이할 준비에 조금도 모자람 없는 영적 신부들이 돼 그분이 열어놓으신 하늘 혼인 잔치에 참여하는 주의 귀한 자녀들이 될 수 있기를 소원한다.

마라나타 주 예수여 어서 오시옵소서
땅의 모든 끝 모든 족속 주를 찬송하게 하소서
마라나타 주 예수여 어서 오시옵소서
모든 열방이 주께 돌아와 춤추며 경배하게 하소서
우리 주님 다시 오실 길을 만들자 십자가를 들고 땅끝까지 우린 가리라
우리 주님 하늘 영광 온 땅 덮을 때 우린 땅끝에서 주를 맞으리
마라나타 마라나타 아멘 주 예수여 오시옵소서
- '마라나타'(고형원)

20
흰 보좌 위에 책들이 펼쳐질 그날
계 20:11-15

2024년 6월 4일부터 5일, 일산 킨텍스에서 아프리카 48개국 정상들이 초청되어 '한-아프리카 정상 회의'를 가졌다. 우리나라가 정말 대단하다고 생각했다. 아프리카 대륙의 전체 국가는 54개국이다. 그중에 48개국이 참석했으니 아프리카 대륙이 한반도에 옮겨온 격이다. 우리의 국력이 대단하지 않은가? 말라위에서는 칠리마 부통령이 참석했다. 그는 당시 51세로 내년 말라위 대선 출마를 앞둔 유력자였다. 그는 정상 회의를 마치자마자 급히 말라위로 돌아갔다. 돌아가자마자 말라위 전 법무장관의 상가를 조문하기 위해 다시 군용기를 탔다. 그런데 가는 도중 비행기가 실종되었고, 수색해 보니 함께 탑승했던 10명 전원이 사망한 채로 발견됐다. 조문을 가던 자가 졸지에 조문을 받는 입장이 되고 말았다.

우리는 내일을 알 수 없다. 미래를 예측할 수 없다. 하지만 확실한 것 하나 있다. 그것은 내가 흙으로 돌아간다는 사실이다.

"한번 죽는 것은 사람에게 정해진 것이요 그 후에는 심판이 있으리니"(히 9:27).

범죄한 아담에게 하나님께서 말씀하셨다.

"너는 흙이니 흙으로 돌아갈 것이니라"(계 3:19).

그 말씀대로 우리는 반드시 흙으로 돌아간다(히 9:27). 또 하나 확실한 사실은 그 후에 심판이 있다는 사실이다. 주님의 재림이 있다는 말씀과 동일한 말씀이다. 그분은 분명히 '다시 오마'라고 약속하셨다. 이 약속을 하신 주님은 온 인류의 원수인 사망을 이기신 분이다. 무덤을 깨치시고 부활하신 분이다. 500여 성도들이 보는 현장에서 하늘로 올라가신 분이다. 그때 하늘에서 어떤 음성이 들렸는가?

"이르되 갈릴리 사람들아 어찌하여 서서 하늘을 쳐다보느냐 너희 가운데서 하늘로 올려지신 이 예수는 하늘로 가심을 본 그대로 오시리라"(행 1:11).

그러므로 주님의 재림은 '죽음'만큼이나 확실한 사실이다. 그때 어떤 일이 벌어질까? 크고 흰 보좌가 펼쳐진다. 그 보좌의 색깔은 흰색이다. 흰말을 타시고, 흰옷을 입을 자들을 대동하시고 재림하셔서 흰 보좌를 펼치신다. 흰색은 거룩, 정결, 위엄을 상징한다. 펼쳐진 하나님의 심판대는 거룩하다. 정결하다. 위엄이 있다. 그 심판은 오류가 없다. 공정하다.

"죽은 자들이 자기 행위를 따라 책들에 기록된 대로 심판을 받으니"(계 20:12).

흰 보좌 위, 두 종류의 책

그런데 그 보좌 위에 책들이 펼쳐져 있다. 하나는 '행위의 책'이다. 이 책에는 이름 그대로 모든 사람이 이 땅에 살면서 행한 모든 행적이 세세하게, 정확하게, 또렷하게 새겨져 있다. 성경은 그 행적들을 새기는 필기도구를 "금강석 끝 철필"이라고 했다(렘 17:1). 또렷하게, 깊게, 절대 지워지지 않도록 새겨진다는 뜻이다. 누가 이 책을 기록했을까?

"기록되었으되 주께서 이르시되 내가 살았노니 모든 무릎이 내게 꿇을 것이요 모든 혀가 하나님께 자백하리라 하였느니라 이러므로 우리 각 사람이 자기 일을 하나님께 직고하리라"(롬 14:11-12).

그 책의 저자는 바로 '나' 자신이다. 우리 각자가 마치 일기를 쓰듯이 책을 써 나가고 있다. 금강석 끝 철필을 하나씩 손에 쥐고선 매일 자신의 행위를 새기고 있다. 자세하게, 정확하게, 또렷하게 써 내려가고 있다. 그러다가 일생을 마치는 그날 그 책이 보좌 위에 놓여 있는 것을 보게 될 것이다.

누군가가 깨알같이 손으로 쓴 기록물이 하나 있다고 하자. 처음부터 끝까지 자필이다. 글씨체에는 누구나 특징이 있다. 그래서 누가 썼는지 단번에 알아볼 수 있다. 그런데 그 저자가 나중에 "이건 내가 쓴 것이 아니다." 이렇게 변명할 수 있겠는가? 변명할 수 없다.

재림의 그날, 어느 틈엔가 내가 쓴 내 행위의 책이 내 앞에 펼쳐질 것이다. "책들에 기록된 대로" 그때 내 심정은 어떠하겠는가? 바울의 탄식 소리가 들리는가?

"오호라 나는 곤고한 사람이로다 이 사망의 몸에서 누가 나를 건져내랴"(롬 7:24).

바울이 어떤 사람인가? 하나님 앞에 섰을 때 그 누구도 자랑하거나 자기 자신을 과시할 수 없다. 우리 또한 이 탄식을 발할 것이다. 왜냐하면 도무지 하나님 앞에 설 수 없는 추악한 모습을 하고 있기 때문이다.

"발바닥에서 머리까지 성한 곳이 없이 상한 것과 터진 것과 새로 맞은 흔적뿐이거늘"(사 1:6).

이런 모습으로 우리가 행위의 책 앞에 서게 될 것이다. 탄식하지 않을 수 없다. 그런데 그때 요한이 다시 한 번 흰 보좌를 바라본다. 그때 그 보좌 위에 또 하나의 책이 놓여 있는 게 아닌가! 책 이름이 무엇인가?

"다른 책이 펴졌으니 곧 생명책이라"(계 20:12)

이 책은 어떤 책일까? 복수로 표기된 '행위의 책'과는 달리 단수로 표기됐다. 즉 한 권이다. 이것은 기록자가 하나라는 것을 시사한다. 그 한 분이 누굴까? 생명책의 저자는 과연 누굴까? 요한계시록 21장 27절은 이 생명책의 저자가 누군지 알려준다.

"속된 것이나 가증한 일 또는 거짓말하는 자는 결코 그리로 들어가지 못하되 오직 어린양의 생명책에 기록된 자들만 들어가리라"(계 21:27).
"죽임을 당한 어린양의 생명책에 창세 이후로 이름이 기록되지 못하고 이 땅에 사는 자들은 다 그 짐승에게 경배하리라"(계 13:8).

그 책의 저자는 어린양, 어린양 예수 그리스도시다. 어린양이 생명책을 기록하고 계신다. 어린양은 제물을 떠올리게 만든다. 또한 그분은 '피 뿌린 옷'을 입고 계신다(계 19:13). 피 뿌린 옷은 골고다를 떠올리게 만든다. 아낌없이 우리를 위하여 피를 쏟으신 분이다. 그분이 책을 한 권 쓰고 계신다. 안팎으로 흘리신 피가 묻은 책임이 틀림없다. 그분은 자신이 흘리신 피를 찍어 한 자 한 자 써내려 가셨을 것이다. 왜 피를 흘리셨는가? 그 피로 말미암아 우리에게 어떤 일이 일어났는가? 다윗은 시편에서 이렇게 말한다.

"하나님이여 주의 인자를 따라 내게 은혜를 베푸시며 주의 많은 긍휼을 따라 내 죄악을 지워 주소서"(시 51:1).
"주의 얼굴을 내 죄에서 돌이키시고 내 모든 죄악을 지워 주소서"(시 51:9).

어린양이신 주님은 당신의 피로 우리의 죄악을 지우신다. 행위의 책에 기록된 추악한 모든 것을 깨끗이 지우신다. 그래서 어떤 일이 일어나는가?

첫째, 우리 죄가 간과된다.

"이 예수를 하나님이 그의 피로써 믿음으로 말미암는 화목제물로 세우셨으니 이는 하나님께서 길이 참으시는 중에 전에 지은 죄를 간과하심으로 자기의 의로우심을 나타내려 하심이니"(롬 3:25).

둘째, 우리가 양자(養子)가 된다.

"너희는 다시 무서워하는 종의 영을 받지 아니하고 양자의 영을 받았으므로 우리가 아빠 아버지라고 부르짖느니라"(롬 8:15).

셋째, 사망에서 생명으로 옮겨진다.

이것은 우리의 이름이 '행위의 책'에서 '생명의 책'으로 옮겨짐을 뜻한다. 내 이름이 생명책에 기록된다.

"내가 진실로 진실로 너희에게 이르노니 내 말을 듣고 또 나 보내신 이를 믿는 자는 영생을 얻었고 심판에 이르지 아니하나니 사망에서 생명으로 옮겼느니라"(요 5:24).

이게 어떻게 가능한가? 피 묻은 옷을 입고 계신 그분이 책을 기록하시기 때문이다. 그래서 우리는 외친다.

"누가 정죄하리요 죽으실 뿐 아니라 다시 살아나신 이는 그리스도 예수시니 그는 하나님 우편에 계신 자요 우리를 위하여 간구하시는 자시니라"(롬 8:34).

육군사관학교에 설치한 홍범도 장군의 흉상 이전 논란이 뉴스를 달군 적이 있다. 그런 논란 속에서도 더욱 빛을 발하며 육사를 흔들림 없이 굳게 지키는 동상이 하나 있다. 바로 강재구 소령의 동상이다. 그는 월남파병을 앞둔 1965년 10월 4일에 마지막 훈련으로 적진에 수류탄 던지기를 소대원들과 함께 실시했다. 그런데 병사 중 하나가 너무 긴장한 나머지 핀을 뽑은 채 수류탄을 놓치고 말았다. 핀이 빠진 수류탄이 굴러가 병사들이 모여 있는 곳에 멈춰 섰다. 순간 위험을 직시한 강재구 소령은 피하라는 외침과 함께 자기 몸을 수류탄 위로 던졌다. 그의 몸은 그야말로 산화되었다. 자신의 죽음으로 말미암아 소대원들의 생명을 구했다.

생명책은 영원한 지옥 형벌에 던져져야 마땅할 자들을 건져 주는 책이다. 이 생명책의 표지는 전체가 붉은색일 것이다. 피 뿌린 붉은 옷을 입으신 어린양 예수 그리스도께서 기록하고 계시기에 붉은색일 것이다(계 19:13). 예수 그리스도가 이 책에 이름을 기록한 자는 자신의 행위에 따라 당연히 받아야 할 심판을 피할 수 있게 된다.

사랑하는 여러분!

　이 시간 진지하게 물어야 한다. 내 이름은 지금 어디에 새겨져 있을까? 행위의 책일까? 아니면 생명책일까? 내 이름은 생명책에 쓰여 있는가? '구름 같은 이 세상'이라는 찬송가에는 "주가 나의 이름 보좌 앞에 놓인 어린양 생명책에 기록하셨을까"라는 가사가 있다. 이 찬송가를 쓴 M.A.Kidder(키더)는 1000여 곡의 가사를 쓴 사람으로 유명하다. 그중에 하나가 '구름같은 이 세상'이다. 원래 그는 자신의 가슴에 손을 얹고 스스로에게 물어보는 형식으로 가사를 썼다. "Is my name written there?" 이전 찬송가는 번역을 잘했다. 그런데 찬송가를 새로 만들면서 "기록하옵소서"라고 오역을 했다. 좀 아쉽다. 옛날 가사로 한번 보자.

구름 같은 이 세상 모든 부귀영화 나는 분토와 같이 내어 버리고서
오직 천국의 복만 사모하며 사니 주여 내 작은 이름 기억하옵소서

주여 보배 피로써 모든 죄 씻으사 나의 부정한 것을 씻어 맑히소서
흰 눈보다 더 희게 죄를 씻었으니 지금 내 작은 이름 기록하옵소서

후렴) 주가 나의 이름 보좌 앞에 놓인 어린양 생명책에 기록하셨을까
- '구름 같은 이 세상'(통일찬송가 532장)

　그가 이 가사를 쓰게 된 것은 누가복음 10장 20절의 말씀 앞에서 큰 깨달음을 얻었기 때문이라고 한다.

"그러나 귀신들이 너희에게 항복하는 것으로 기뻐하지 말고 너희 이름이 하늘에 기록된 것으로 기뻐하라 하시니라"(눅 10:20).

모세는 자기 백성 이스라엘의 죄를 안고 하나님 앞에 이렇게 기도했다.

"그러나 이제 그들의 죄를 사하시옵소서 그렇지 아니하시오면 원하건대 주께서 기록하신 책에서 내 이름을 지워 버려 주옵소서"(출 32:32).

그는 생명책에 자신의 이름이 지워지는 것이 가장 큰 형벌이라고 믿었다. 나의 이름은 지금 어디 책에 기록되어 있을까?

21
새 하늘과 새 땅에 들어갈 자
계 21:1-4

　요한계시록이란 긴 탐험이 어느덧 끝나 가고 있다. 말로 표현할 수도 없고, 설명할 수도 없는 사건들의 연속이었다. 그동안 우리는 세 가지 재앙, 즉 일곱 인, 일곱 나팔, 일곱 대접 재앙을 다루었다. 최후에 벌어질 전쟁, 즉 곡과 마곡, 아마겟돈 전쟁에 주목했다. 요한계시록에는 유독 숫자가 많았다. 그중에서 세 숫자 666, 1,260, 144,000의 의미를 파악했다.

　예수님의 재림과 관련하여서는 천년설이 있다. 그중에서도 대표격인 것이 전천년설, 후천년설, 무천년설이다. 그리고 하늘에 울려 퍼진 세 번의 할렐루야도 들었다. 첫 번째 할렐루야는 우리를 구원하신 성부 하나님에 대한 찬양이었다. 두 번째 할렐루야는 제물이 되어 연기로 화하신 성자 예수님에 대한 찬양이었다. 세 번째 할렐루야는 우리를 거룩케 하신 성령 하나님께 올려드리는 찬양이었다.

　이렇게 오직 요한계시록에서만 발견할 수 있는 미지의 숲을 헤치며 여기까지 왔다. 그 종착지는 어디인가? 바로 주님의 재림이다.

그 재림 후에는 어떤 일이 벌어지는가? 요한계시록 21장 1-2절을 보니 새 하늘과 새 땅이 전개된다. 새 예루살렘 성이 하늘에서 내려온다. 우리가 그렇게도 고대하던 천국, 곧 하나님 나라가 펼쳐진다. 주님이 예비해 놓으시겠다는 바로 그 아름답고 영광스러운 세계다(요 14:2-3). 그 천국이 과연 어떤 곳일까? 궁금하기 그지없다. 그래서 천국에 가 봤다는 사람들의 이야기에 귀를 쫑긋한다.

천국은 분명히 있다

그중에 한 사람을 소개한다면 닥터 이븐 알렉산더다. 그는 유명한 신경과 의사다. 일생동안 과학에 헌신하는 삶을 살았고, 현대의학을 도구로 사용하여 다른 사람들을 돕고 치료하는 일을 평생 해왔다. 일과 결혼했다고 놀림을 받을 정도로 자기 분야에서 최선을 다했다. 냉정하고, 이성적이며, 지적이라는 평을 들었던 그는 하버드 의과대학에서 5년 동안 수많은 중증 환자를 수술했다. 그러던 그가 54세 되던 해에 갑자기 희귀병에 걸려 7일간 혼수상태에 빠졌다. 뇌사 상태가 됐다. 뇌가 정지하면 인간의 삶은 끝이다. 그런데 그때부터 그는 놀라운 일을 경험한다. 육체의 죽음, 뇌의 죽음이 종말이 아니라는 것, 우리의 의식이 신의 용서 아래서 계속된다는 사실을 체험했다. 그것도 일주일 동안이나 말이다. 그 7일 동안 경험했던 것을 책으로 발간했다. 『나는 천국을 보았다』이다. 그는 힘주어 말한다.

"내가 간 그곳은 실재했다. 우리가 살고 있는 지금 여기의 삶이 완전히 꿈처럼 느껴질 정도로 그곳은 실재한다. 내가 혼수상태에 있었을 때, 내게 일어났던 일은 일반상식과 너무 다른 것들이어서 무턱대고 사람들에게 외쳐댈 만큼 쉽게 할 수 있는 이야기는 분명 아니다. 하지만 일단 진실을 깨닫는 순간 나는 이것을 말해야 한다는 것을 알았다."

바울도 이와 비슷한 고백을 했다.

"무익하나마 내가 부득불 자랑하노니 주의 환상과 계시를 말하리라 내가 그리스도 안에 있는 한 사람을 아노니 그는 십사 년 전에 셋째 하늘에 이끌려 간 자라 (그가 몸 안에 있었는지 몸 밖에 있었는지 나는 모르거니와 하나님은 아시느니라) 내가 이런 사람을 아노니 (그가 몸 안에 있었는지 몸 밖에 있었는지 나는 모르거니와 하나님은 아시느니라) 그가 낙원으로 이끌려 가서 말로 표현할 수 없는 말을 들었으니 사람이 가히 이르지 못할 말이로다"(고후 12:1-4).

문맥을 자세히 보라. 그는 무척 조심스럽게 접근한다. 맨 처음에는 '내가' 하면서 일인칭을 쓰다가 '그는'이라는 삼인칭을 사용한다. 무려 십사 년 전에 경험했던 일인데 이제야 그때 일을 말한다. 이렇게 천국에 대해서 입을 열다가 다시 뭐라 하는가?

"그러나 누가 나를 보는 바와 내게 듣는 바에 지나치게 생각할까 두려워하여 그만두노라"(고후 12:6).

그는 왜 14년 동안 고이 간직했던 신비한 경험을 밝혔을까? 고린도 교회 때문이다. 그 교회는 신앙 생활을 당파, 음행, 가정파괴, 송사, 우상 숭배 등으로 마치 천국이 없는 것처럼 하고 있었다. 천국이 있다는 것을 알려줘야 했다. 그래서 조심스럽게 이야기했다. 나아가 그는 서신 곳곳에서 천국에 대한 강한 확신을 피력했다.

"주께서 호령과 천사장의 소리와 하나님의 나팔 소리로 친히 하늘로부터 강림하시리니 그리스도 안에서 죽은 자들이 먼저 일어나고 그 후에 우리 살아 남은 자들도 그들과 함께 구름 속으로 끌어 올려 공중에서 주를 영접하게 하시리니 그리하여 우리가 항상 주와 함께 있으리라"(살전 4:16-17).
"그러나 우리의 시민권은 하늘에 있는지라 거기로부터 구원하는 자 곧 주 예수 그리스도를 기다리노니"(빌 3:20).
"전제와 같이 내가 벌써 부어지고 나의 떠날 시각이 가까웠도다"(딤후 4:6).
"우리가 담대하여 원하는 바는 차라리 몸을 떠나 주와 함께 있는 그것이라"(고후 5:8).

그는 죽음 후의 세계, 즉 천국이 있다는 것에 대해 추호도 흔들림이 없다. 그 천국을 향하여 믿음의 경주를 해야 한다고 외친다. 그 천국은 과연 어떤 곳일까?

밧모 섬의 요한 앞에 새 하늘과 새 땅이 나타났다. 하늘에서 새 예루살렘 성이 내려왔다. 그 성은 지극히 귀한 보석 같았고, 벽옥과 수정 같았다. 그 성에는 열두 진주 문이 있었는데, 동서남북에 각각 셋이 있었다. 그 성은 반듯한 사각형이었다. 길이와 너비와 높이는 같았다. 성곽은 벽옥으로 쌓였고, 성은 정금으로 이루어졌는데, 맑은 유리와 같았다. 해와 달이 필요 없었다. 요한은 이렇게 증언을 이어간다.

"그 성은 해나 달의 비침이 쓸 데 없으니 이는 하나님의 영광이 비치고 어린양이 그 등불이 되심이라"(계 21:23).
"낮에 성문들을 도무지 닫지 아니하리니 거기에는 밤이 없음이라"(계 21:25).

요한계시록 22장은 이렇게 이어진다.

"또 그가 수정 같이 맑은 생명수의 강을 내게 보이니 하나님과 및 어린양의 보좌로부터 나와서 길 가운데로 흐르더라 강 좌우에 생명나무가 있어 열두 가지 열매를 맺되 달마다 그 열매를 맺고 그 나무 잎사귀들은 만국을 치료하기 위하여 있더라"(계 22:1-2).

그 천국이 얼마나 영화롭고 화려했던지 요한이 가지고 있는 어휘로는 자기가 본 천국을 표현할 방법이 없었다. 그래서 '신부가 신랑을 위하여 단장한 것' 같았다고 묘사했다(계 21:2). 더 이상 인간의 말로는 표현할 수가 없는 곳이 천국이다. 그 천국에 대해서 주님께서 말씀하셨다.

"내가 너희를 위하여 거처를 예비하러 가노니 가서 너희를 위하여 거처를 예비하면 내가 다시 와서 너희를 내게로 영접하여 나 있는 곳에 너희도 있게 하리라"(요 14:2-3).

이 말씀을 하신 분은 사망 권세를 깨치신 분이다. 부활하여 승천하신 분이다. 그분이 말씀하신다. '내가 천국을 만들어 놓겠다. 그리고 끝나는 날 너희들을 다시 내게로 데리러 오겠다.' 이 주님의 말씀은 진리다. 천국은 분명히 존재한다. 그리고 우리는 천국에 들어가기 위해서 준비해야 한다.

우리가 준비해야 할 것

천국은 분명히 실재한다. 우리가 죽는 것이 분명한 사실인 것처럼, 죽음 후의 세계, 천국은 분명히 존재한다. 그런데 이 천국에 들어가기 위해서는 흰 보좌 심판대를 통과해야 한다. 그 보좌 위에는 두 종류의 책이 놓여 있다. 행위의 책과 생명의 책이다. 행위의 책은 내가 평생을 살면서 내가 행했던 일들을 기록한 나의 진술서다. 이 책이 깨끗이 지워지고, 생명의 책에 내 이름이 있어야 한다.

"생명책에 기록되지 못한 자는 불못에 던져지더라"(계 20:15).

"속된 것이나 가증한 일 또는 거짓말하는 자는 결코 그리로 들어가지 못하되 오직 어린양의 생명책에 기록된 자들만 들어가리라"(계 21:27).

어떻게 하면 생명책에 내 이름이 기록될까? 주님이 말씀하신다.

"내가 진실로 진실로 너희에게 이르노니 내 말을 듣고 또 나 보내신 이를 믿는 자는 영생을 얻었고 심판에 이르지 아니하나니 사망에서 생명으로 옮겼느니라"(요 5:24).

예수를 믿는 자는 심판에 이르지 아니하며, 예수를 믿는 자는 사망에서 생명으로 옮겨진다. 다시 말하면 '그를 믿는 자', '나를 믿는 자', 즉 '예수를 믿는 자'의 이름이 생명책에 기록된다. 요한도 말한다.

"하나님이 세상을 이처럼 사랑하사 독생자를 주셨으니 이는 그를 믿는 자마다 멸망하지 않고 영생을 얻게 하려 하심이라"(요 3:16).

예수를 믿는 자, 그의 이름을 예수님께서 생명책에 기록하신다. 그렇다면 도대체 어떻게 믿어야 할까? 기독교는 고백의 종교다. 그러면 베드로처럼 고백해야 할까?

"주는 그리스도시요 살아 계신 하나님의 아들이시니이다"(마 16:16).

이렇게 고백하면 생명책에 이름이 기록될까? 주님은 이렇게 말씀하신다.

"나더러 주여 주여 하는 자마다 다 천국에 들어갈 것이 아니요"(마 7:21).
"내 형제들아 만일 사람이 믿음이 있노라 하고 행함이 없으면 무슨 유익이 있으리요 그 믿음이 능히 자기를 구원하겠느냐"(약 2:14).

우리는 묻지 않을 수 없다. 천국에 들어가는 믿음은 과연 어떤 것일까?

어떤 눈물을 닦아 주시는가

요한계시록 21장을 펴고 한동안 씨름을 했다. 얼마나 읽었는지 모른다. 기도하면서 읽고 또 읽었다. 그러던 중 요한계시록 21장 4절의 말씀이 눈에 확 들어왔다. 큰 활자로 내 시야에 펼쳐졌다. 그것은 4절 "모든 눈물을 그 눈에서 닦아 주시니"하는 부분이었다.

지금 천성의 문이 열렸다. 그 현장에서 하나님은 제일 먼저 우리의 어느 부분을 주목하시는가? 촉촉하게 젖어 있는 눈을 주목하신다. 그 눈을 가진 자에게 다가오셔서 눈을 어루만지며 흐르는 눈물을 닦아 주신다. 하나님은 눈물을 가진 자를 찾으신다. 그렇다면 새 하늘과 새 땅은 누가 들어가는가? 눈물을 흘리는 자가 들어간다. 우리는 가시밭 같은 세상에서 삶을 영위하면서 각양의 눈물을 흘린다.

문제는 무엇 때문에 흘리는 눈물인지다.

이 말씀을 묵상하던 무렵, 한 권사님이 임종을 앞두고 있으니 와서 임종 예배를 드려달라는 요청이 왔다. 급히 병원으로 달려갔다. 권사님의 자녀들도 모였다. 권사님의 몸에 붙어있는 각종 의료기기들은 임종의 순간이 다가오는 것을 알려주고 있었다. 임종 예배를 드렸다. 가장 마지막까지 기능하는 것이 청력이라고 한다. 그래서인지 권사님의 눈에서 눈물이 주르륵 흘러내렸다. 이런 눈물일까? 아니면 고난 질병 가난으로 인한 눈물일까?

다시 돌아와 본문을 묵상하고 있는데 갑자기 내 안에 '주기도문'이 떠올랐다. 주님이 가르쳐 주신 기도 말이다. 나도 모르게 한 자 한 자 곱씹으며 주기도문을 드렸다. "하늘에 계신 우리 아버지여!" 얼마나 은혜가 되는지 모른다! 그런데 어떤 이는 '주기도문'을 폄하한다. 이유를 이렇게 밝힌다.

첫째, 예수님이 구약시대에 사셨다. 주기도문은 그때 주신 말씀이다. 그러므로 구약시대에 하신 말씀은 율법과 비슷하다. 십자가 사건 후에야 비로소 신약시대가 열린다. 그래서 주기도문을 매번 드릴 필요가 없다.

둘째, "너희는 이렇게 기도하라"의 '너희'는 구약시대 유대인들을 지칭한다. 그들에게 주신 기도문일 뿐이다. 그러므로 오늘 우리와 관계가 없기에 이 기도문에 비중을 둘 필요가 없다.

셋째, 천주교의 인쇄된 기도문처럼 똑같은 기도문을 반복할 필요가 없다. '그게 뭐냐? 중언부언하는 것과 뭐가 다르냐?'

넷째, 반복하는 것은 주님이 듣지 않으시는 기도다.

다섯째, "우리 죄를 사하여 준 것 같이 우리 죄를 사하여 주시옵고." 이것은 구약시대 율법적인 기도다. 그러므로 '주기도문'을 드리지 않는다.

정말 옳은 주장인가? '주기도문'은 주님이 우리에게 가르쳐 주신 기도다. 그런데 만일 주기도문이 구약시대의 산물이라면 예수가 십자가 사건 전에 하신 모든 말씀과 교훈이 모두 구약시대의 말씀이 되는 것인가? "모든 족속으로 제자를 삼아"(마 28:19). 이 말씀만 우리가 받아들여야 한단 말인가. 예수님이 주신 말씀은 대부분 십자가 사건 전에 주신 말씀이다. 그렇다면 주님의 말씀이 전부 구약시대의 율법과 같은 말씀인가? "새 계명을 너희에게 주노니"(요 13:34). 여기 '너희'도 유대인에게만 주신 말씀이란 말인가? 천주교에서 사용하는 인쇄된 기도문과 예수님이 가르쳐 주신 기도를 어떻게 동일선상에 놓을 수 있단 말인가? 주기도문은 얼마든지 여러 번 반복하면서 하나님께 올려드려도 유익한, 그야말로 기도 중에 기도요, 기도의 샘플이다. 당시 서기관과 바리새인들이 드리던 '중언부언'의 기도와는 근본적으로 다르다. 그러므로 이 기도를 깊이 묵상하면서 하나님께 이 기도를 올리면 하나님이 기쁘게 받으실 것이다. 크리스천이라면 하루에 한 번이라도 이 기도를 올리기를 바란다.

그중에서도 특히 "우리가 우리에게 죄 지은 자를 사하여 준 것 같이 우리 죄를 사하여 주시옵고"(마 6:12). 이 부분이 가장 중요하다. 왜 그럴까? 킹 제임스 버전에서는 "빚진 자를 용서해 준 것 같이 우리의 빚진 것도 용서해 주옵시며"라고 번역했다. '빚진 자' 하면 어떤 비유가 떠오르는가? 마태복음 18장이다. 18장에는 일만 달란트와

일백 데나리온 빚진 자가 등장한다. 일만 달란트, 엄청나게 많은 금액이다. 그 금액을 탕감 받았다. 그런데 그가 일백 데나리온 빚진 자를 만난다. 어떻게 하는가? 동료의 애절한 부탁에도 아랑곳하지 않고, 목을 잡고 흔든다(마 18:28). 목은 곧 생명이다(롬 16:4). 그 사람을 옥에 가둔다. 이 사실을 안 임금은 일만 달란트를 다 갚도록 한다. 그리고 그를 감옥에 가둔다. 주님은 이렇게 말씀하신다.

"너희가 각각 마음으로부터 형제를 용서하지 아니하면 나의 하늘 아버지께서도 너희에게 이와 같이 하시리라"(마 18:35).

때문에 주님은 주기도문에서 '죄 용서함을 받기 위해서는 내가 먼저 내 곁의 사람을 용서해야 한다'라는 가르침을 주셨다. 주기도문을 끝내신 후(마 6:13), 다시 이 부분을 강조하신다.

"너희가 사람의 잘못을 용서하면 너희 하늘 아버지께서도 너희 잘못을 용서하시려니와 너희가 사람의 잘못을 용서하지 아니하면 너희 아버지께서도 너희 잘못을 용서하지 아니하시리라"(마 6:14-15).

그러므로 주기도문의 핵심은 '용서'다.

용서의 눈물을 흘리는 자

맥켄지, 오랜만이군요. 보고 싶었어요.
다음 주말에 오두막에 갈 예정이니까 같이 있고 싶으면 찾아와요.
-파파

『오두막』이라는 소설을 아는가? 소설의 주인공 맥이 초대장을 받았다. 초대받은 장소는 딸 미시를 살해한, 그래서 절대 용서할 수 없는 연쇄 살인범을 떠올리게 하는 장소, 오두막(The Shack)이었다. 딸이 피 묻은 드레스 한 조각을 남기고 사라졌을 때부터 맥은 사는 게 사는 것이 아니었다. 날이면 날마다 '복수심'이 부글부글 끓어올라 참을 수 없었다. 그런데 딸이 살해된 그 장소, 오두막으로 오라는 초대장이 날아왔다.

맥은 초대장을 앞에 놓고 고뇌에 잠겼다. '누가 보낸 것일까? 연쇄살인범? 누군가의 잔인한 장난? 아니면 정말 하나님?' 알 수 없는 강한 이끌림을 따라 그 비극의 장소를 찾아갔다. 그리고 그는 거기서 자신을 반갑게 맞이하는 세 사람과 교제하며 긴 대화를 나눴다. 그 세 사람은 사람의 모양으로 나타나신 성부, 성자, 성령이셨다.

삼위께서는 맥의 내면에 쌓여 있는 깊은 상처를 하나씩 치유하셨다. 하지만 마지막 남은 과제가 있었다. 그것은 딸을 죽인 살인자를 용서하는 것이었다. 그것은 누구도 강요할 수 없고 자원하여 찾아 나서야 하는 고통스러운 길이었다. 파파(하나님)가 맥에게 넌지시 말을 건넨다. "맥, 네가 그 사람을 용서한다는 것은 그 사람을 나(하나님)에게로 놓아 주고, 나(하나님)로 하여금 그를 속죄하게 한다는 의미야." 맥이 펄쩍 뛰었다. "속죄 바라지 않아요. 그놈을 벌 주어 괴롭히고 지옥에 보내 주길 바라죠." "맥, 용서는 그 사람의 목을 놓아 주는 거야(마 18:28). 용서에는 놀라운 힘이 있단다. 그 힘은 너를 우리(하나님)와 함께 있게 해 준단다. 용서란 너를 지배하는 것으로부터 네 자신을 해방시키는 일이야. 어떤 사람을 용서한다는 것은 그 사람을 제대로 사랑한다는 의미야."

맥은 파파의 말을 받아들일 수가 없었다. 내가 그 범인을 어찌 용서할 수 있단 말인가? 저수지에서 흘러나오는 폭포수와 같은 눈물이 그의 뺨을 타고 흘러내렸다. 그런 모습을 남에게 특히 파파에게 보이기 싫었다. 하지만 그때 파파가 맥이 흘리는 눈물을 보며 말씀하셨다. "눈물의 경이로움을 무시하지 말아야지. 눈물은 치유의 물이고, 기쁨의 샘물이야. 또 마음으로 말하는 최고의 언어야." 그러면서 맥에게 다가온 파파는 그의 얼굴에 난 눈물 자국을 손등으로 부드럽게 닦아 주면서 나직이 말씀하셨다.

"매켄지, 이 세상은 눈물로 가득하지, 네 눈에서 눈물을 닦아 줄 이는 나뿐이라는 이 말을 잊지마."

바로 이 부분이 요한계시록 21장 4절과 오버랩되었다. 누가 새 하늘과 새 땅에 들어가는가? 눈물이 있는 자, 눈물을 흘리는 자다. 어떤 일로 눈물을 흘린 자일까? 나에게 죄 지은 자, 빚진 자를 용서하기 위해 몸부림치며 고통스럽게 눈물을 흘린 자. 하나님은 그에게 제일 먼저 다가오셔서 흐르는 눈물을 닦아 주신다는 말씀이 아닐까? 이 눈물을 흘려 본 적이 있는가?

『오두막』의 끝부분은 이렇다. 맥이 살인자를 용서했을 때 그 앞에 놀라운 광경이 펼쳐졌다. 그것은 비참하게 살해되어 피 묻은 드레스 한 조각만 남긴 채 눈앞에서 사라진 딸 미시가 저 폭포 너머에서 즐겁게 뛰노는 모습이었다. 미시가 뛰노는 곳은 바로 천국이었다. 그때 맥은 자기도 모르게 외쳤다. "당신을 용서한다. 당신을 용서한다. 당신을 용서한다."

그러므로 천국에 들어갈 자는 삶의 현장에서 용서를 실천에 옮기는 자, 용서해 보는 자, 한 번이라도 실천에 옮겨 보는 자, 그것이 고통스럽기 그지없고, 그래서 눈에서 뜨거운 눈물이 흐르지만 내게 빚진 자, 죄지은 자를 용서하는 자이다. 그런 자가 천국의 주인공이 될 수 있다는 가르침이다.

사랑하는 여러분!

우리 각자에게는 예외 없이 오두막이 있다. 숨기고 싶고, 들추어내고 싶지 않은 오두막 말이다. 그 현장에서 주님은 피 묻은 손으로 우리를 기다리고 계신다. 그리고 말씀하신다.

"이는 내가 네 모든 행한 일을 용서한 후에 네가 기억하고 놀라고 부끄러워서 다시는 입을 열지 못하게 하려 함이니라 주 여호와의 말씀이니라"(겔 16:63).

그렇다면 내가 들어갈 새 하늘과 새 땅은 누가 만들어 가는가? 내가 만들어 간다. 내가 이 땅에서 만들어서 천국으로 가져 간다. 나의 오두막을 천국으로 만들지 못한 사람은 천국의 주인공이 될 수 없다. 천국을 맛볼 수 없다. 그래서 주님은 말씀하신다.

"또 여기 있다 저기 있다고도 못하리니 하나님의 나라는 너희 안에 있느니라"(눅 17:21).

누가 그 진주 문 들어갈까 훗날에 훗날에 누가 그 영화를 맛볼까 네냐 내냐 네냐 내냐 누가 그 황금 길 다닐 때 선명한 구경을 잘하고 재미의 잔치를 누릴까 네냐 내냐 네냐 내냐

누가 제 십자가 벗은 후 훗날에 훗날에 예수께 면류관 받을까 네냐 내냐 네냐 내냐 누가 그 영화론 왕 뵙고 근심을 영원히 면하여 예수와 한가지 있을까 네냐 내냐 네냐 내냐

누가 주 예수를 모실까 훗날에 훗날에 누가 그 개가를 부를까 네냐 내냐 네냐 내냐 누가 그 복지로 올라가 형제와 자매를 만나고 영광의 상급을 받을까 네냐 내냐 네냐 내냐
- '누가 그 진주 문 들어갈까'(새찬송가 505장)

22
복의 회복
계 22:1-6

10년 전쯤 『꿈의 회복』(예책, 2014)이란 책을 발간했다. 이 책은 꿈을 잃어버린 느브갓네살과 꿈을 간직했던 다니엘을 대비시켰다. 느브갓네살로 대표되는 악한 사탄, 흑암의 세력은 다니엘이 간직하고 있는 꿈을 빼앗으려고 수단과 방법을 가리지 않았다. 그 과정에서 나라는 망했고, 성전은 불탔고, 성벽은 허물어졌고, 사람들은 한순간에 포로가 됐다. 그때 끌려갔던 사람 중에 다니엘이 있었다. 더 이상 꿈을 꾸고 싶어도 꿀 수 없는 처지가 됐다. 하지만 다니엘은 포기하지 않았다. 하나님이 주신 꿈을 붙잡았다. 그래서 결국은 꿈을 회복했다. 이것이 다니엘서의 핵심이다.

이 다니엘서와 짝을 이루는 책이 요한계시록이다. 그럼 요한계시록의 핵심 키워드는 무엇일까? 다니엘서가 '꿈의 회복'이라면 그와 짝을 이루는 요한계시록의 핵심은 '복의 회복'이다. 창세기를 살펴보면 에덴동산에서 아담은 하나님이 주신 복을 잃어버렸다. 그 잃어버렸던 복, 빼앗겼던 복을 요한계시록의 새 하늘과 새 땅, 새 에덴동산에서 다시 회복하고, 찾게 되는 것이 요한계시록의 핵심이다.

창세기로부터 시작하여 요한계시록으로 끝나는 이 성경은 마치 링처럼 연결된다. 창세기는 꿈을 잃어버린 사람들의 모습, 요한계시록은 꿈을 다시 찾은 사람, 하나님의 복을 받는 무리의 모습을 그린다.

복 받기 위한 조건

하나님은 복의 근원이시다. 그래서 하나님은 우리에게 복을 주시는 분으로 자신을 계시하시며 피조물 앞에 자신을 드러내셨다.

"하나님이 그들에게 복을 주시며 하나님이 그들에게 이르시되 생육하고 번성하여 땅에 충만하라, 땅을 정복하라, 바다의 물고기와 하늘의 새와 땅에 움직이는 모든 생물을 다스리라"(창 1:28).

이것이 인간에게 하신 최초의 말씀이다. 노아 시대에 인간이 범죄 했다. 그래서 하나님은 물로서 이들을 심판하셨다. 하지만 본심은 그게 아니었다. 홍수 후, 노아에게 무엇이라고 하셨는가?

"하나님이 노아와 그 아들들에게 복을 주시며 그들에게 이르시되 생육하고 번성하여 땅에 충만하라"(창 9:1).

세월이 다시 흘렀다. 믿음의 조상 아브라함에게 다시 나타나신 하나님은 뭐라고 하시는가?

"내가 너로 큰 민족을 이루고 네게 복을 주어 네 이름을 창대하게 하리니 너는 복이 될지라"(창 12:2).
"내가 네게 큰 복을 주고 네 씨가 크게 번성하여 하늘의 별과 같고 바닷가의 모래와 같게 하리니 네 씨가 그 대적의 성문을 차지하리라"(창 22:17).
"내가 반드시 너에게 복 주고 복 주며 너를 번성하게 하고 번성하게 하리라"(히 6:14).

이 말씀대로 하나님은 아담에게 복 주셨다. 노아에게 복 주셨다. 아브라함에게 복 주셨다. 이렇게 자기 백성에게 복 주고, 복 주시며, 번성하고, 또 번성하기를 원하셨다. 이것이 하나님의 본심이다. 하지만 조건이 있었다. 그것은 하나님의 말씀에 순종하는 것이다. 아브라함에게 말씀하셨다.

"여호와께서 아브람에게 이르시되 너는 너의 고향과 친척과 아버지의 집을 떠나 내가 네게 보여 줄 땅으로 가라"(창 12:1).

'네게 줄 땅'이 어디였던가? 가나안이다. 가나안에 들어가게 되면 '복이 될 것'이라고 하셨다. 그 가나안이 영적으로 어딘가? 옥돈(I.D. Ogdon, 1877)은 이렇게 노래했다.

*나 가나안 땅 귀한 성에 들어가려고 내 무거운 짐 벗어 버렸네
죄 중에 다시 방황할 일 전혀 없으니 저 생명 시냇가에 살겠네*

길이 살겠네 나 길이 살겠네 저 생명 시냇가에 살겠네

- '나 가나안 땅 귀한 성에'(새찬송가 246장)

가나안은 새 하늘과 새 땅의 모형이다. 믿음의 선조들은 장차 우리가 가게 될 새 하늘과 새 땅을 가나안 땅으로 이해했다. 그래서 그 가나안 땅을 향해 가는 우리를 믿음의 경주자라고 말했다. 새 하늘과 새 땅, 분명히 존재한다. 주님이 말씀하셨다.

"내가 너희를 위하여 거처를 예비하러 가노니 가서 너희를 위하여 거처를 예비하면 내가 다시 와서 너희를 내게로 영접하여 나 있는 곳에 너희도 있게 하리라"(요 14:2-3).

우리 주님이 우리를 위하여 만들어 놓으신 가나안 땅, 새 하늘과 새 땅은 분명히 존재한다. 요한이 그 새 하늘과 새 땅에 들림을 받았다. 자신이 가진 어휘로 그곳을 표현할 수 있었을까?

남미에는 그 유명한 이구아수 폭포가 있다. 그런데 엄격히 말하면 '이구아수 폭포'는 없다. 왜냐하면 그곳에는 무려 280개나 되는 폭포가 있고, 그 폭포마다 각각의 이름이 있기 때문이다. 그 폭포들 중에서 제일 큰 폭포에는 "악마의 목구멍'이란 이름이 붙여져 있다. 지구가 뒤틀리고 쪼개지지 않는 한, 이보다 더 큰 폭포는 생기지 않을 것이다. 그래서 그 폭포 앞에 서는 순간, 가슴이 먹먹함을 느끼면서 자신의 언어가 초라해지는 경험을 한다고 한다. 그래서일까 그 폭포 앞 안내판에는 "너의 언어로 (폭포를) 묘사하려고 애쓰지 말라"

는 글귀가 새겨져 있다고 한다. 그 어떤 말로도 눈앞의 폭포를 표현할 수 없다는 뜻이다.

하물며 요한이 새 하늘과 새 땅을 어떻게 묘사할 수 있단 말인가? 그것도 요한계시록 21장 1절-22장 5절까지 짧은 서른두 개의 절로 말이다. 이쯤에서 그는 그곳에 대한 묘사를 멈춘다. 자세히 보면 묘사를 멈추는 것이 아니라 묘사 방법을 바꾼다. 그는 그곳에 없는 것이 무엇인지, 반대로 그곳에 있는 것이 무엇인지를 열거함으로 새 하늘과 새 땅이 과연 어떠한지 우리에게 알려준다. 먼저, 천국에 없는 것 세 가지를 열거한다.

새 하늘과 새 땅에 없는 것

첫째, 사망이 없다. 요한계시록 22장은 이렇게 시작한다.

> "또 그가 수정 같이 맑은 생명수의 강을 내게 보이니 하나님과 및 어린양의 보좌로부터 나와서 길 가운데로 흐르더라 강 좌우에 생명나무가 있어 열두 가지 열매를 맺되 달마다 그 열매를 맺고"(계 22:1-2).

생명수와 생명나무. 여기서 "생명"이란 단어를 놓치지 말아야 한다. 생명나무가 열두 종류의 열매를 맺고 있다. 그것도 달마다 열매를 맺고 있다. 이는 무엇을 뜻할까? 구약의 에스겔이 일찍이 이 강을 보고 이렇게 진술했다.

"내가 돌아가니 강 좌우편에 나무가 심히 많더라 그가 내게 이르시되 이 물이 동쪽으로 향하여 흘러 아라바로 내려가서 바다에 이르리니 이 흘러 내리는 물로 그 바다의 물이 되살아나리라"(겔 47:7-8).

"이 강물이 이르는 곳마다 번성하는 모든 생물이 살고 또 고기가 심히 많으리니 이 물이 흘러 들어가므로 바닷물이 되살아나겠고 이 강이 이르는 각처에 모든 것이 살 것이며"(겔 47:9).

생수가 흐르는 강가의 생명나무, 열두 가지 열매를 맺는 그 현장에서 살아나는 역사가 나타났다. 죽음은 사라지고 새 생명의 역사가 일어났다. 더 이상 죽음이 범접하지 못하고 오직 생명의 기운만이 가득한 새 생명의 역사, 회복의 역사가 바로 새 하늘과 새 땅에 일어났다. 요한은 요한계시록 21장 4절에서 이렇게 증언한다.

"다시는 사망이 없고"(계 21:4).

그곳에는 다시 사망이 없다. 바울은 이 사실을 알았기에 이렇게 외쳤다.

"사망아 너의 승리가 어디 있느냐 사망아 네가 쏘는 것이 어디 있느냐"(고전 15:55).

왜냐하면 생수의 강이신 그분이 주인이시기 때문이다. 그분이 누구신가? 주님이시다. 그 주님이 남편 다섯을 거느렸으나 만족하지 못한 사마리아 여인에게 무엇이라 말씀하셨던가?

"이 물을 마시는 자마다 다시 목마르려니와 내가 주는 물을 마시는 자는 영원히 목마르지 아니하리니 내가 주는 물은 그 속에서 영생하도록 솟아나는 샘물이 되리라"(요 4:13-14).

죽음은 모든 사람에게 정해진 길이다. "너는 흙이니 흙으로 돌아갈 것이니라"(창 3:19). 죽음을 이길 자는 없다. 아담도 930세를 일기로 세상을 떠나지 않았던가(창 5:3). 하지만 영원한 생명, 생수의 근원으로 이 땅에 오신 예수를 구주로 영접하는 자는 그 배에서 생수의 강이 끊임없이 흘러나온다.

에스겔이 보았던 대로 그 생수의 강물이 발목에서 무릎으로, 무릎에서 허리로, 허리에서 건너지 못할 강으로 충만히 공급된다(겔 47:3-5). 결코 마르도, 쇠하지도 않는다. 시간이 가면 갈수록 더 넉넉하고 풍족하다. 계속해서 차고 넘친다. 바로 그곳이 천국이다. 때문에 새 하늘과 새 땅, 그곳에는 사망이 없다. 설령 모든 것이 풍족하고, 넉넉하며 화려하다 할지라도 '죽음'이 있다면 무슨 소용이 있으랴! 그런데 그곳에는 이제 더 이상 사망이 없다.

"사망을 영원히 멸하실 것이라 주 여호와께서 모든 얼굴에서 눈물을 씻기시며 자기 백성의 수치를 온 천하에서 제하시리라 여호와께서 이같이 말씀하셨느니라"(사 25:8).

둘째, 질병이 없다(계 22:2).

"그 나무 잎사귀들은 만국을 치료하기 위하여 있더라"(계 22:2).
"그 열매는 먹을 만하고 그 잎사귀는 약 재료가 되리라"(겔 47:12).

이 말씀을 오해해서는 안 된다. 그곳에도 질병이 있어서 치료가 필요하다는 뜻이 아니다. 우리는 이 땅 위에서 삶을 영위하며 평생 각종 질병에 시달린다. 어떻게 보면 일생이란, 곧 질병과의 싸움이라고 해도 과언이 아니다. 우리는 평생 약을 먹고, 병원에 간다. 좋다고 하는 약과 영양제들을 거침없이 사서 먹곤 한다. 그런데 그곳은 어떤 질병도 상관이 없는 영원한 세계다. 그 하늘 보좌에 앉으신 분이 이렇게 말씀하신다.

"나는 너희를 치료하는 여호와임이라"(출 15:26).
"내 이름을 경외하는 너희에게는 공의로운 해가 떠올라서 치료하는 광선을 비추리니 너희가 나가서 외양간에서 나온 송아지 같이 뛰리라"(말 4:2).
"애통하는 것이나 곡하는 것이나 아픈 것이 다시 있지 아니하리니 처음 것들이 다 지나갔음이러라"(계 21:4).

새 하늘과 새 땅에는 더 이상 '질병'이 없다. 질병을 안고 평생 고생하며 힘들어하는 분들이 계시는가? 자녀가 힘들게 투병하는 모습을 지켜보면서 부모로서 무력감을 느끼고 계시는 분이 있는가? 더 이상 아픈 것이 다시 있지 아니한 세상이 우리를 위하여 예비돼 있다.

> 저 하늘에는 눈물이 없네 거기는 슬픔도 없네
> 저 하늘에는 눈물이 없네 거기는 승리만 있네
> 고통은 모두 다 사라져 버리고 영광만 가득 차겠네
> 우리의 주님과 함께 있을 때는 영원한 기쁨 있겠네
>
> 저 하늘에는 눈물이 없네 거기는 기쁨만 있네
> 저 하늘에는 눈물이 없네 거기는 찬송만 있네
> 세상의 근심은 사라져 버리고 영광만 가득 차겠네
> 우리의 주님과 함께 있을 때는 영원한 기쁨 있겠네
> - '저 하늘에는 눈물이 없네'(흑인영가)

셋째, 저주가 없다(계 22:3).

"다시 저주가 없으며"(계 22:3).

에덴동산에 엄한 음성이 울려 퍼졌다. 하나님은 뱀을 향해 말씀하셨다.

"여호와 하나님이 뱀에게 이르시되 네가 이렇게 하였으니 네가 모든 가축과 들의 모든 짐승보다 더욱 저주를 받아 배로 다니고 살아 있는 동안 흙을 먹을지니라"(창 3:14).

그리고 아담에게도 말씀하셨다.

"내가 너로 여자와 원수가 되게 하고 네 후손도 여자의 후손과 원수가 되게 하리니 여자의 후손은 네 머리를 상하게 할 것이요 너는 그의 발꿈치를 상하게 할 것이니라 하시고 또 여자에게 이르시되 내가 네게 임신하는 고통을 크게 더하리니 네가 수고하고 자식을 낳을 것이며 너는 남편을 원하고 남편은 너를 다스릴 것이니라 하시고"(창 3:15-16).

하지만 새 하늘과 새 땅에서는 다시 이런 저주가 없다.

"사람이 그 가운데에 살며 다시는 저주가 있지 아니하리니 예루살렘이 평안히 서리로다"(슥 14:11).

이같이 장차 우리가 갈 새 하늘과 새 땅에는 세 가지가 없다. 사망, 질병 그리고 저주다.

새 하늘과 새 땅에 있는 것

요한은 그 세계를 다시 보았다. 그곳에는 우리를 위해 예비된 축복이 있었다. 어떤 축복이 우리를 위하여 기다리고 있는가?

첫째, 그분의 얼굴을 대하는 축복이다(계 22:4).

"그의 얼굴을 볼 터이요 그의 이름도 그들의 이마에 있으리라"(계 22:4).

믿음의 조상 아브라함이 하나님의 얼굴을 직접 볼 수 있었는가? 그는 하나님과 대화는 나누었지만 직접 볼 수는 없었다. 다만 캄캄한 밤, 타는 횃불이 쪼갠 고기 사이로 지나는 것을 보았을 뿐이다.

"해가 져서 어두울 때에 연기 나는 화로가 보이며 타는 횃불이 쪼갠 고기 사이로 지나더라"(창 15:17).

모세는 하나님의 얼굴을 봤을까? 모세는 하나님의 영광을 보고 싶었다. 그래서 영광을 보게 해 달라고 간청했다. 그때 하나님이 뭐라고 하셨는가? "나를 보고 살 자가 없음이니라"(출 33:20)라고 하시면서 이렇게 말씀하셨다.

"내 영광이 지나갈 때에 내가 너를 반석 틈에 두고 내가 지나도록 내 손으로 너를 덮었다가 손을 거두니 네가 내 등을 볼 것이요 얼굴은 보지 못하리라"(출 33:22-23).

법궤를 옮기는 과정에서 웃사라는 자가 하나님의 궤를 붙잡았다. 그 순간 웃사가 그 자리에서 즉사했다.

"여호와 하나님이 웃사가 잘못함으로 말미암아 진노하사 그를 그곳에서 치시니 그가 거기 하나님의 궤 곁에서 죽으니라"(삼하 6:7).

그가 하나님의 영광을 보았기 때문이라고 보는 견해가 지배적이다. 이와 같이 피조물인 인간, 범죄한 인간은 하나님을 직접 볼 수 없다. 그런데 저 새 하늘과 새 땅에서는 어떤 일이 일어나는가?

"그의 얼굴을 볼 터이요 그의 이름도 그들의 이마에 있으리라"(계 22:4).

그렇다. 우리가 하나님을 직접 뵈옵는 은총을 입는다.

주의 얼굴 뵈오리 주의 얼굴 뵈오리
슬픔 하나도 없고 금빛 찬란한 데서 구속하신 주의 얼굴 뵈오리
- '저 요단강 건너편에'(새찬송가 243장)

둘째, 새 이름을 받는 축복이다(계 22:4). 요한계시록 13장에는 짐승의 이름표를 받는 자들이 등장한다.

"그가 모든 자 곧 작은 자나 큰 자나 부자나 가난한 자나 자유인이나 종들에게 그 오른손에나 이마에 표를 받게 하고 누구든지 이 표를 가진 자 외에는 매매를 못하게 하니 이 표는 곧 짐승의 이름이나 그 이름의 수라"(계 13:16-17).

짐승의 표를 받은 자가 있다. 이 표를 가진 자가 세상에서는 득세하는 듯 보인다. 하지만 새 하늘과 새 땅에서는 완전히 역전된다. 짐승의 표를 받은 자들은 불못에 던져진다. 영원한 형벌을 받는 자리에 떨어진다. 오직 하나님의 이름을 받은 자만이 저 새 하늘과 새 땅에 들어간다. 그곳에서 세세토록 왕 노릇 하게 된다.

"또 내가 보니 보라 어린양이 시온산에 섰고 그와 함께 십사만 사천이 서 있는데 그들의 이마에는 어린양의 이름과 그 아버지의 이름을 쓴 것이 있더라"(계 14:1).

그곳에서 우리는 당당하게 하나님의 자녀라 인침을 받고, 하나님이 주신 새 이름표를 달고 하나님의 영광 앞에 당당히 서게 된다. 하나님을 "아빠, 아버지"라 부를 수 있게 된다. 얼마나 놀라운 축복인지 모른다.

"너희는 다시 무서워하는 종의 영을 받지 아니하고 양자의 영을 받았으므로 우리가 아빠 아버지라고 부르짖느니라"(롬 8:15).

셋째, '복의 회복'을 맛보는 축복이다(계 22:7).

아담은 복 있는 자로 출발했다. 하지만 범죄로 인하여 복을 빼앗겼다. 빼앗기는 정도가 아니라 저주를 받아 에덴동산에서 쫓겨났다. 생명수를 마실 수 없어 죽음에서 벗어날 수가 없었다. 그런데 영원한 생명수이신 우리 주님, 영생의 주님께서 이런 인류를 구원하시기 위해 이 땅에 오셨다. 그리고 우리에게 말씀하셨다.

"내 살을 먹고 내 피를 마시는 자는 영생을 가졌고 마지막 날에 내가 그를 다시 살리리니 내 살은 참된 양식이요 내 피는 참된 음료로다"(요 6:54-55).
"나를 믿는 자는 성경에 이름과 같이 그 배에서 생수의 강이 흘러나오리라"(요 7:38).
"나는 부활이요 생명이니 나를 믿는 자는 죽어도 살겠고 무릇 살아서 나를 믿는 자는 영원히 죽지 아니하리니 이것을 네가 믿느냐"(요 11:25-26).
"내가 온 것은 세상을 심판하려 함이 아니요 세상을 구원하려 함이로라"(요 12:47).

이 모든 말씀의 핵심이 무엇인가? 복 있는 자로 회복시켜주시겠다는 것이다. 이 복의 회복이 어디에서 일어나는가? 바로 새 하늘과 새 땅이다. 누구에게 일어나는가?

"보라 내가 속히 오리니 이 두루마리의 예언의 말씀을 지키는 자는 복이 있으리라 하더라"(계 22:7).
"자기 두루마기를 빠는 자들은 복이 있으니 이는 그들이 생명나무에 나아가며 문들을 통하여 성에 들어갈 권세를 받으려 함이로다"(계 22:14).

이 두루마리 예언의 말씀을 지키는 자, 그는 회복된다. 반드시 복 있는 자로 회복된다. '두루마리 예언의 말씀'은 바로 성경이다. 이 말씀이 진실이다. 이 말씀은 반드시 이루어진다. 이 말씀을 믿고, 말씀대로 살기를 힘쓸 때, 이 말씀 속에 약속한 놀라운 축복이 나의 것이 된다.

"내가 이 두루마리의 예언의 말씀을 듣는 모든 사람에게 증언하노니 만일 누구든지 이것들 외에 더하면 하나님이 이 두루마리에 기록된 재앙들을 그에게 더하실 것이요 만일 누구든지 이 두루마리의 예언의 말씀에서 제하여 버리면 하나님이 이 두루마리에 기록된 생명나무와 및 거룩한 성에 참여함을 제하여 버리시리라"(계 22:18-19).

이 두루마리의 말씀, 하나님의 말씀에 다른 말씀을 더하면 재앙들을 더하신다고 하셨다. 이 두루마리 예언의 말씀에서 한 부분이라도 빼버리면, 생명나무와 거룩한 성에 참여하지 못하고 제하신다고 하셨다. 그러므로 우리는 이 말씀을 준행하기를 힘써야 한다.

며칠 전 서울 근교의 한 고속도로 휴게소에 들렸다. 깜짝 놀랐다. 그 넓은 휴게소가 외국인들로 가득 차 있었기 때문이다. 너무 궁금했다. 그래서 다가가 짧은 영어로 '어디서 왔느냐?'고 물었다. 러시아에서 왔다는 것이다. 지금 러시아는 우크라이나와 전쟁 중인데 어떻게 왔는지 물었다. 그랬더니 한국에 있는 '여호와의 증인'의 초청으로 왔다는 것이다. 모두 5,000명이 왔다고 했다. 깜짝 놀랐다. 이들은 일산의 킨텍스에서 이틀 동안 집중적으로 교리 교육을 받고 오늘 하루, 투어를 위해 나섰다고 했다.

이단들이 오늘 우리 주위에 팽배해 있다. 이런 때에 우리는 요한계시록 22장 18절과 19절을 붙잡아야 한다. 말씀을 제하지 말아야 한다. 더하지 말아야 한다. 이 말씀 그대로 붙잡고 나아갈 때, 말씀이신 주님이 우리를 살려 주실 것이요, 말씀이신 주님이 우리를 천국으로 인도해 주실 것이다.

사랑하는 여러분!

여러분은 어떠한가? 이 말씀을 믿는가? 이 두루마리의 말씀이 하나님의 말씀임을 믿는가? 성삼위 하나님을 믿는가? 예수님을 믿는가? 몸의 부활을 믿는가? 천국이 예비되어 있음을 믿는가? 그래서 그 말씀을 지키려고 힘쓰는가? 자기 두루마기를 보혈의 샘에 가지고 나아와 깨끗이 빨고 있는가? 그러면 창세 이후로 잃어버렸던 복을 회복할 것이다.

새 하늘과 새 땅, 그곳에는 '죽음'이 없다. '질병'이 없다. '저주'가 없다. 대신 축복이 있다. '하나님을 직접 뵈옵는다', '하나님의 이름을 받는다', '복을 회복하는 은총을 입게 된다'. 이 은혜를 입는 주의 귀한 자녀들이 다 될 수 있기를 바란다.

에필로그
은혜가 모든 자들에게

마틴 루터 킹(Martin Luther King.1929년~1968년) 목사는 "나에게는 꿈이 있습니다"(I Have A Dream)란 유명한 연설을 남겼다. 그가 1963년 8월 28일 워싱턴 D.C. 링컨 기념관 발코니에서 행했던 그 연설문의 일부는 이렇다.

나에게는 꿈이 있습니다. 저 조지아의 붉은 언덕 위에 옛 노예의 후손들과 옛 주인의 후손들이 형제애의 식탁에 함께 둘러앉는 날이 오리라는 꿈입니다.
나에게는 꿈이 있습니다. 언젠가는 불의의 열기에, 억압의 열기에 신음하는 저 미시시피 주 마저도, 자유와 평등의 오아시스로 변할 것이라는 꿈입니다.
나에게는 꿈이 있습니다. 저의 네 명의 어린 자식들이 피부색이 아니라 인격에 따라 평가받는 나라에 살게 될 날이 오리라는 꿈입니다.

그는 드넓은 미합중국의 중요한 지명들과 그 지역들이 안고 있는 갈등들을 여과 없이 열거한다. 이는 그가 얼마나 사고의 폭이 넓고, 신앙 안에서 꺾이지 않는 용기와 꿈을 가졌는지를 엿볼 수 있는 대목이다. 이 연설 다음 해인 1964년, 그는 35살의 나이로 최연소 '노벨 평화상'을 수상한다. 하지만 4년 후, 암살로 세상을 떠나고 만다. 그의 나이 39살이었다.

나에게도 꿈이 있었다.

50년 전인 1974년, 목회자를 향한 꿈을 가졌다. 그 꿈과 함께 주신 말씀이 요한계시록 3장 20절이었다. 그다음 해인 1975년에 신학교의 문을 두드렸다. 그러면서 언젠가는 요한계시록을 한 번 강해하리라는 꿈을 꾸었다. 하지만 부교역자의 위치에서는 쉽지 않았다. 그러다가 삼십 대 중반에 담임목사로 부임했다. 이제는 하려면 할 수 있었다. 그런데 첫발을 내딛기가 쉽지 않았다. 계시록이 너무 난해했으며, 해석 또한 제각각이었기 때문이다. 특히 천년왕국을 놓고 같은 학교의 교수들끼리도 입장이 갈렸다. 전천년설, 후천년설, 그리고 무천년설로 팽팽한 기(氣)싸움을 하기도 했다. 그래서 계시록의 문을 두드리는 것을 주저했다.

그러다 보니 어느덧 은퇴를 염두에 둬야 할 시점에 이르렀다. 기도했다. "50여 년 전 소명을 받으면서 간직했던 꿈을 기억합니다." 그때 하나님이 용기를 주셨다. "완벽할 수가 있느냐?" 그래서 지난 2023년 4월 23일 주일, "계시록을 노크하다"라는 제목으로 항해를 시작했다. 그리고 드디어 그 긴 항해를 마무리하게 되었다.

강해 끝 시간, 준비를 대강 끝낸 토요일 오후, 동네 산책길을 한

바퀴 돌고 있었다.

저쪽 벤치에 낯익은 얼굴이 보였다. 연세가 지긋하신 남자분이셨다. 그분이 반갑게 일어서더니 대뜸 계시록 얘기를 꺼내는 게 아닌가. "목사님, 요한계시록을 들으면서 얼마나 은혜를 받고 있는지 모릅니다. 목사님 같은 설교를 어디서도 들을 수 없습니다." "천만에요." "그런데 목사님, 곧 은퇴하신다는데, 억장이 무너집니다. 얼마든지 더 하실 수 있으신 데 말이예요." 어느새 그분의 눈가가 촉촉이 적셔지고 있었다. 진심이 읽혔다. "집사님, 다 때가 있답니다. 언젠가는 누군가에게 물려주고, 조용히 사라져야죠." 그리곤 헤어졌다. 혼자서 호젓한 산책로를 걸으며 감사했다. 사역자의 길에 들어서면서 간직했던 소박했던 꿈을 이룰 수 있게 해 주셔서 얼마나 감사한지!

사실 계시록을 강해하는 것도 어렵지만 듣는 것은 더 힘들 것이다.
주일 예배에 참석하여 위로와 격려를 받으려 했는데 시간마다 '인재앙', '대접재앙', '나팔재앙'이 등장했다. '아마겟돈 전쟁', '곡과 마곡 전쟁'이다. 종말이 온다. 흰 보좌 심판대가 펼쳐진다. 무저갱에 들어간다. 한두 번이 아니고 무려 2년 가까이 이런 말씀을 듣기는 결코 편안하지 않을 것이다. 아니, 무척 부담스러울 것이다. 여기에 견해차 또한 얼마나 많은가! 그래서 지혜로운 목회자는 가능하면 이런 부분을 건드리지 않으려 한다.

순복음교회 조용기 목사님은 이런 심리를 정확하게 꿰뚫고 있었다. 그는 듣기 거북하고 부담스러운 이야기는 좀체 꺼내지 않았다. 그의 설교 핵심이 뭔가? 삼박자 축복이다(요삼 1:2). "축복합니다. 축

복합니다. 축복합니다." 그러니 사람들이 구름떼처럼 몰려왔다. 한때 70만을 자랑했다.

계시록을 꼭 한번 다뤄야겠다는 생각에 서점을 찾았다. 이찬수 목사님의 계시록 강해 『오늘을 견뎌라』가 눈에 들어왔다. 그런데 군데군데 건너뛰고 있었다. '이럴 분이 아닌데.' 고개를 갸웃하며 카톡을 보냈다. "존경하는 이 목사님! 제가 목사님 책을 통해 큰 은혜를 받고 있습니다. 그런데 궁금한 게 있습니다. 두아디라 교회를 빠뜨리셨는데, 왜 빼고 넘어가셨는지 여쭙니다." 곧 연락이 왔다. "존경하는 옥 목사님! 제 기억으로 그때 계시록 전체를 다룬 것이 아니라 주제에 따라 부분적으로만 다룬 것 같습니다. 부족한 책을 읽으신다니 부끄러운 마음입니다. 이찬수 드림."

'계시록을 다루는 게 쉽지 않구나!' 그래서 이렇게 기도했다.
"주님! 끝까지 완주할 수 있도록 지혜와 힘을 주십시오. 동시에 성도들이 어렵지 않게, 지루하지 않게 이 말씀을 받게 해 주십시오."
책으로 출간했으면 좋겠다는 주변의 권유에 용기를 내어 '예책'의 문을 두드렸다. 그리고 원고를 건네주었다.
몇 차례의 교정을 주고 받는 과정에서 출판사로부터 카톡이 왔다. "목사님! 이제 세 번째 교정을 마치고, 마지막 ok 교정을 시작하려 합니다. 원고가 너무 잘 읽히고, 그래서 어렵다고 생각한 요한계시록을 너무 쉽고 유익하게 읽게 됩니다. 목사님이 설교를 준비하시며 많이 애쓰셨음을 원고에서 느낍니다. 말씀을 통해 '어린 양을 따르는 자'가 어떻게 살아야 하는지를 묵상하게 하는 내용들입니다. 너무 좋습니다." 출간되었을 때 독자들로부터도 같은 평가가 있었으면 하는 소원을 가져본다.

독자들에게 제일 처음 선보였던 책이 『하나님 앞에 무릎을 꿇은 사람, 야곱』(2004, 국제제자훈련원)이었다. 그 책의 서문은 이렇게 시작한다. "조금은 긴장된 느낌이다. 옷을 발가벗은 채, 나를 뚫어지게 주목하는 많은 화가 앞에 서 있는 모델처럼 말이다." 이번 계시록 『죽음의 땅에서 새 노래를 부르다』는 14번째 책이다. 아마 마지막 출간이 아닐까 싶다. 바울은 우리가 "어둠의 일을 벗고 그리스도로 옷 입어야 한다"고 권면하고 있다(롬 13:12, 14). 그런데 계시록에 보면 벌거벗은 자들이 하나도 없다. 오직 '흰 옷' 입은 자들만 등장한다(계 7:9, 13). 나도 이제 이 반열에 속하기를 간절히 염원한다.

졸저(拙著)임에도 불구하고 그동안 저자의 책을 사랑하고 가까이해 주신 모든 독자들에게 주 예수의 은혜가 넘치기를 간절히 염원하며, 책의 마지막 출간에 즈음하여 다시 한번 진심 어린 감사를 드린다.

일산의 정발산 기슭에서

著者 玉 聖 石

어린양을 따르는 자가
오늘을 사는 방식